初中英语

整本书阅读教学策略研究

刘 焕 ◎ 著

辽宁人民出版社

© 刘焕 2022

图书在版编目(CIP)数据

初中英语整本书阅读教学策略研究 / 刘焕著 . — 沈阳 : 辽宁人民出版社, 2022.12
ISBN 978-7-205-10646-1

Ⅰ.①初… Ⅱ.①刘… Ⅲ.①英语－阅读教学－教学研究－初中 Ⅳ.①G633.412

中国版本图书馆CIP数据核字(2022)第216854号

出版发行：辽宁人民出版社
    地址：沈阳市和平区十一纬路25号　邮编：110003
    电话：024-23284321(邮　购)　024-23284324(发行部)
    传真：024-23284191(发行部)　024-23284304(办公室)
    http://www.lnpph.com.cn

印　　　刷：辽宁新华印务有限公司
幅面尺寸：170mm×240mm
印　　张：12.25
字　　数：200千字
出版时间：2022年12月第1版
印刷时间：2022年12月第1次印刷
责任编辑：张天恒　王晓筱
装帧设计：中知图印务
责任校对：刘再升
书　　号：ISBN 978-7-205-10646-1
定　　价：58.00元

前 言

在这个不断改革发展的时代,教育一直是社会持续关注的重点,也是国家关注的重点。随着教育的改革和发展,阅读对初中阶段的教育也显得尤为重要。初中教育是小学和高中之间的一座桥梁,是夯实基础和砥砺前行的阶段。我们不仅要发展学生的综合能力,同时也要将提升学生的阅读理解能力作为关键。所以,针对初中阶段的英语阅读教学,课程标准就对此倡导和鼓励学生进行"整本书阅读"。

《义务教育英语课程标准(2017年版)》提出,初中生毕业时应能读懂相应水平常见题材的读物,课外阅读量应累计达到15万词以上。整本书阅读作为课外英语阅读的主要途径在教学中的地位不容忽视,有学者认为"阅读整本书体现了自然阅读的状态,有利于发展语言、获取知识、锻炼思维、丰富情感体验,培养审美能力,也有利于学生养成良好的阅读习惯"。由此看来,整本书阅读是帮助学生达成课标要求、提升核心素养的重要途径。整本书阅读也是对课堂阅读教学的延伸与拓展,大量有计划、有指导的阅读有利于拓宽学生视野,激发学生的自主探究意识。同时,在阅读的过程中还能积累丰富的语言知识和表达,这对提高学生的语言应用能力发挥着重要作用。

语言是沟通的桥梁，英语作为当前应用范围最广泛的一门语言，对于学生来说不管是在考试成绩还是个人综合素质方面都占据极高的地位，有利于提高学生的社会竞争力。而英语课外阅读是学生英语学习的有效途径，能丰富学生的英语词汇量，促进学生语言表达能力、运用能力，对学生的"英语学科素养"的培养起着重要的作用。因此，我们要重视英语课外阅读教学，培养学生良好的阅读习惯，从而实现学生阅读效率提高，为他们终生发展打下良好的基础。

目 录

第一章 初中英语"整本书阅读"教学概述 ·········· 1
- 第一节 初中英语"整本书阅读"教学的相关概念 ·········· 1
- 第二节 我国初中英语整本书阅读教学的内涵 ·········· 7
- 第三节 国外初中英语整本书阅读教学的研究现状 ·········· 10

第二章 我国初中英语整本书阅读教学的应用现状 ·········· 23
- 第一节 初中英语整本书阅读教学现状 ·········· 23
- 第二节 初中英语整本书阅读的实施策略 ·········· 32
- 第三节 基于核心素养的初中英语"整本书阅读教学" ·········· 46

第三章 初中英语整本书阅读教学实践研究 ·········· 52
- 第一节 初中英语整本书阅读活动的组织与实践 ·········· 52
- 第二节 文本解读视角下的初中英语整本书阅读课例分析 ·········· 66
- 第三节 基于KWLSH策略的初中英语整本书阅读教学研究 ·········· 71

第四章 初中英语名著整本书阅读教学的实践与思考 ·········· 78
- 第一节 初中英语名著整本书阅读实施原则及策略 ·········· 78
- 第二节 初中英语名著教学设计
  ——以《绿野仙踪》(*The Wizard of Oz*)为例 ·········· 92
- 第三节 初中英语名著整本书课外阅读的区域推进 ·········· 100

第五章　初中英语整本书阅读教学课程建设探索 ………… 106
- 第一节　初中英语整本书阅读校本课程计划 ……………… 106
- 第二节　初中英语整本书阅读校本课程策略建构 ………… 113
- 第三节　初中英语整本书阅读校本化教学指导方案 ……… 123
- 第四节　初中英语整本书阅读校本化教学设计 …………… 135

第六章　初中英语整本书阅读教学在"互联网+"时代的
　　　　应用策略研究 …………………………………… 145
- 第一节　"互联网+"时代整本书阅读在双课堂的应用 …… 145
- 第二节　"互联网+"整本书阅读教学策略的研究 ………… 150
- 第三节　基于互联网环境的整本书阅读生活化探究 ……… 157

第七章　我国初中英语整本书阅读教学策略的创新模式研究 ……… 162
- 第一节　学习任务群驱动下的初中英语整本书阅读 ……… 162
- 第二节　基于整本书阅读构建初中英语思维型阅读课堂 … 168
- 第三节　使用"1—1—1"模式处理故事文本整本书阅读的教学设计 ……… 176

参考文献 …………………………………………………… 186

第一章 初中英语"整本书阅读"教学概述

第一节 初中英语"整本书阅读"教学的相关概念

一、"整本书阅读"概念

"整本书阅读"是相对于现行中学英语教科书中单篇课文的阅读而言的,其所提供的阅读材料的长度、宽度与厚度,是单篇文章阅读所无法实现的。多以整本、整部的书作为阅读对象,是一种教师指导与学生自主阅读相结合开展的系列阅读教学活动。若完全以课内阅读的方式进行整本书阅读,实施起来存在困难,所以"整本书阅读"是一种兼顾课内与课外的阅读教学形式。

"整本书阅读"的提出,是针对文选型教材的局限性做出的尝试和突破,但其落脚点其实是与文选型教材保持一致的,都是以学生的阅读兴趣为基础,来激发阅读兴趣和提升阅读理解能力。在阅读的书目选择上,也更加强调和尊重学生的自主性。

"整本书阅读"能够培养全面、系统、辩证的思考模式,也能很好地弥补篇章阅读教学的弊端,对丰富和发展语言、锤炼和完善思维、丰富阅读经验、训练阅读能力、培养阅读习惯,具有重要意义。

二、初中英语实行"整本书阅读"的原因

(一)初中生阅读的意义和优点

1.初中生阅读的意义

(1)阅读能增长智慧

据有关调查,阅读可以提高各方面的才智。相较不爱阅读者,阅读者

成绩更好,智商更高,常识更全面。

(2)阅读能扩展词汇量

对于学生或者任何人来说,写好文章都需要一定的阅读量,而持久阅读就是扩展词汇量的重要途径。据调查显示,仅就童话书中的语言就比日常对话精妙复杂得多,在大量阅读中,词汇量也慢慢累积起来了。

(3)阅读可以锻炼脑力

研究证明,持续的脑力锻炼可以减缓或者防止阿尔茨海默症或者痴呆的发生,因为在持续获得知识的过程中,大脑就不会失去活力。

2.初中生阅读的优点

(1)培养学习兴趣

学生爱上阅读后,他们会不停地阅读,越来越喜欢书中的奥秘,并进行不断探索学习,从而培养了学习兴趣。

(2)增强语言能力

通过不断的大量阅读,孩子从书中能领悟复杂的意念,欣赏语言的美妙,使学生语言能力得到了加强,并且在听、说、读、写方面的能力得到了提升。

(3)增加知识

阅读可以使学生涉猎多方面知识,如天文地理以及中外文化等。

(4)提升写作能力

阅读可以使学生掌握语言文字能力,增强对语言的敏感程度以及增加词汇量,对写作有很大的提升和帮助

(5)扩展人生经验

学生通过大量的阅读,知识面更加广阔,且处事能力也会得以加强。阅读可以帮助学生懂得应付危机和挫折,经得起考验,情绪上也较为平稳和愉快。

(二)初中生"整本书阅读"的意义

1.读节选书容易让我们"误解"作者

整书阅读能够帮助我们全面考证,全面思考,且做到不牵强附会,不断章取义。我们时常引用爱迪生"天才是百分之一的灵感加百分之九十

九的汗水"的名言来教育学生,告诉学生"笨鸟先飞先朝林"的道理。但事实上,爱迪生这句话后面还有一句:"天才是百分之一的灵感加百分之九十九的汗水,而决定成功的往往是前百分之一。"再细推,这句话还可能是爱迪生说的某一段文字中的一句节选,对其又变了形。所以,片段阅读容易断章取义,容易为了说明观点而强行将作品进行面目全非的拆分,达到论证自己想法的目的。

2. 读整本书有利于锻炼学生的信息提取能力

与读篇幅短、结构相对简单、内容逻辑相对弱的文章相比,读整本书更能够锻炼学生对阅读内容信息的提取和理解把握能力,可以加强学生的分析能力和综合思维能力,开阔学生视野。

对于学生来说,只读文章而很少读整本书,会缺乏更多的阅读能力,会缩小他们的思维格局。很多学生没有读整本书的习惯,只是浏览新闻娱乐和生活信息的碎片性阅读,阅读能力和思维品质可能会大打折扣。

3. 读整本书可以让我们体验更丰富的生活

读整本书可以让我们体验更丰富的生活,引用杨绛先生说读书的一段话:"我觉得读书好比串门儿——'隐身'的串门儿。要参见钦佩的老师或拜谒有名的学者,不必事前打招呼求见,也不怕搅扰主人。翻开书面就闯进大门,翻过几页就升堂入室;而且可以经常去,时刻去,如果不得要领,还可以不辞而别,或者另找高明,和他对质。不问我们要拜见的主人住在国内国外,不问他属于现代古代,不问他什么专业,不问他讲正经大道理或聊天说笑,都可以挨近前去听个足够。"我们常说"读万卷书,行万里路",世界之广大,总有我们的脚步丈量不到的距离,书本为我们的游历带来无数可能。我们可以在书本的世界里游走,去感受生活的多彩,去体会不同的人生,去领悟世界的魅力。在读书尤其是读整本书的过程中,我们仿佛化身为书中的人物,我们对这个世界上的人物、人物之间复杂的感情、人与人之间的相处,甚至于日常生活的常识都有一种深刻的体验。

三、初中生读书的内容

台湾学者郝明义[①]在《越读者》中将书比喻为食物,而我们常常将书称

[①] 郝明义.越读者[M].北京:人民文学出版社,2009:23-25.

为"精神食粮",便是印证了它的重要性。在人生的不同时期,"精神食粮"的划分是不相同的,尤其是在"主食"方面。幼儿时期的阅读多为读图,以开蒙为主,这个时期,幼儿的身心一同成长,阅读的"主食"多为识字、了解生活常识的书。小学到中学时期,学生们的"主食"便是通用的教科书,配合有助于"消化吸收"课本知识的工具书,至于科学、哲学、文学、艺术、历史等方面的"美食"只能偶尔品尝,而小说之类的"甜点"更是只能偷食。

(一)按时、足量摄入"主食"

从食物和营养的角度来说,主食是生存必需品,阅读"主食"也应按时、足量,不过有一点应注意,过期的"主食"就别吃了,要选择更新鲜、更具饱足感的来吃。在中国古代的五谷主食中,黍(黄米)、稷(又称粟,小米)、菽(豆类)的使用远比稻(大米)、麦(小麦)更广,如今却是稻、麦为主食。这就是说,食用的主食会随时代的发展而变化,阅读的"主食"岂有一成不变之理。现代社会知识与技能的更新换代很快,比如二十年前电子计算机未普及时,学习计算机的基本操作成为一时潮流,可算一个时代的"主食"。现如今,懂计算机基础操作已几乎成为必备技能,而关于计算机操作的书籍也多偏向某些专业应用软件的使用。

食物之中主食的种类繁多,南方和东北偏重大米,北方和西部多吃面食。即使用同样的食材,不同的人也能做出不同的花样。阅读的"主食"同样有许多选择,挑选自己熟悉、习惯的固然好,但敢于尝试不同领域的书籍更好。许多时候,畏惧源于未知,看不懂一本书皆因不了解,而尝试了解是唯一的破解之道。

(二)不时享用"美食"

现实生活中,家常菜吃久了,人们也会选择吃一顿大餐犒劳自己。阅读也如此,只吃主食难免单调,享受精神的"美食"有助于提高生活品质。有一些书籍,比如哲学、历史、艺术等方面的书对大多数人来说并不是"主食",但不时享用这样的"美食"却可以帮助我们从另一个角度思考问题。这些书并不教给我们生存的技能,却可以教我们更好地生活。

享用"美食"并不强调饱足感,不重"量"而重"质",需要有特色且精致。有自己钟爱的精神"美食"并能时常享用的人是幸福的。对于自己不了解的美食，人们乐于根据别人的介绍进行选择，图书也一样，可以根据名家的推荐或其他读者的介绍进行筛选。在实际生活中，我们应该尽量多阅读"美食"书籍，而不要让"零食"填满自己的思想。

（三）善用"果蔬"工具书

提到工具书，首先进入我们脑海的应是字典、词典，这是最基础、最早接触到的工具书。工具书不仅可以帮助人们查找不了解的字词、概念、数据等信息，还可以帮助人们掌握通用的方法与技巧。

食用果蔬有助于消化，使用工具书有利于理解更加艰深的书籍。但是使用工具书，也是一门学问，需要慢慢探索。

（四）控制"甜点、零食"的摄入

甜点和零食终究不是正餐，吃多了不易消化，而且因为其含过多热量或缺乏营养，可能不利于身心健康。一些网络小说和娱乐性图书，包括一部分畅销书都属于此列，可偶尔阅读，但不可太过。这并不是说"零食"类书籍全无价值，而是说阅读如饮食，要注意"营养均衡"。

严格来说，并不存在毫无意义、全无"营养"的书籍。无论什么食品，化学成分都是特定的属类；无论什么书籍，也都是文字和内容组合而成，因此"营养"与否，但看阅读者如何理解。可是，花费太多时间去领悟一本并无多少精华的书是不值得的，有这样的时间与精力，我们可以有更好的选择，进行更有效的阅读。

四、初中生阅读一本书的方法

（一）主动的阅读

任何一种阅读都是人的一种主观活动，那就必须有一些主观能动性注入其中。如果完全被动，阅读就进行不下去。既然阅读有主动、被动之对比，那么我们就要告诉读者阅读越主动，效果越好。比如，这个读者比另一个读者更主动一些，那么，他在阅读世界里面的探究能力就更强一些，收获更多一些。读者对他自己以及自己面前的书籍要求越多，获得的就越多。

(二)初中生阅读的四个基本问题

1. 这本书整体到底在谈些什么?

阅读时要找出这本书的主题,如何依次进展这个主题,如何逐步从核心主题分解出附属的关键议题来。

2. 细部说了什么,怎么说的?

阅读时找出主要的想法、声明与论点,并将这些组合成想要传达的特别讯息。

3. 这本书说得有道理吗?

这本书是全部有道理,还是部分有道理?如若上述问题能回答出,这个问题也就迎刃而解了。在推断这本书是否有道理之前,必须先了解整本书在说些什么才行。然而,等了解了一本书,并且也仔细体味过,就会觉得有责任为这本书做个自己的推断。所以,在阅读的过程中,光知道想法是不够的。

4. 这本书跟自己有什么关系?

假如这本书给了一些资讯,就要探索这些资讯有何意义。可以问问自己为什么认为知道这件事很重要?真的有必要去了解吗?假如这本书不只提供了资讯,还启发了自己,就更有必要找出其他相关的、更深的含义或建议,以获得更多的启示。

五、初中英语教学中"整本书阅读"的意义

(一)提高学生整体素质

基于整本书所开展的课外阅读活动,可以为学生提供反复接触学习词汇和语法的平台。在潜移默化的影响下,学生对所学习内容的吸收与理解程度自然变得更加深入,在此基础上对学生应用语言的能力加以培养,往往能够取得和预期相符的效果。

新课程改革对初中生提出了能够独自利用网络、图书馆资源解决问题,掌握查字典的能力等诸多要求,课外阅读作为对培养学生的策略之一,既可以拓宽学生的知识面,也能够增强学生的文化意识,提高综合素质。

(二)与学习成绩相关联

英语课外阅读的作用之一是激发学生兴趣。在传统观念中,提高学生英语成绩的方法主要是大量的练习,但是这样做会减弱英语学习的生动性和趣味性,导致学生对英语产生抵触心理,正因为如此,初中阶段所开展的英语教学活动的效率始终无法得到大幅度的提升。但英语课外阅读可以为学生提供轻松学习英语的平台,通过阅读的方式体会到英语学习的乐趣所在,进而提高对英语的学习热情。

第二节 我国初中英语整本书阅读教学的内涵

一、初中英语整本书阅读教学的内涵

笔者认为,"整本书阅读教学"的内涵主要有三层。一是"整本":这里所讲的"整"具有完整、整体的意思,既包括对全书脉络的通盘把握,也包括对全书内容的整体思考,甚至是序言、目录也应包括在内,表现出来的阅读行为较之单篇文本阅读应更具连续性;"本"是阅读的数量单位,既可以是独立的一本,也可以是分为多册的一套,抑或是互相关联的多本。二是"阅读":可以是深读、浅读,也可以是精读、泛读,还可以是课内读和课外读;阅读对象可以是文学作品、文化典籍,也可以是科学论著、学术著作等。整本书阅读旨在养成学生的读书习惯,拓展学生的阅历,形成自己的阅读方法,提升阅读鉴赏能力,发挥整本书阅读的独特性,让学生收获实际阅读效用。三是"教学":整本书阅读教学属于英语教学的重要组成部分,理应有教师的示范阅读引领、可操作性的教学设计和合理的教学组织活动等。在实际教学过程中,应在"整体读""比较读"的前提下,依据文本特点选择阅读策略,从文本自身的语言特点中寻找"英语味",通过问卷或访谈,充分了解学情,搭建贴近学情的阶梯,着力创建开放的讨论平台。

二、初中英语整本书阅读教学的主要特征

（一）尊重学生自主性

整本书阅读教学是一种需要尊重学生自主性学习的阅读教学。如果学生对于所指定的名著没有阅读兴趣，或许看完开头就会丢在一边。阅读是个性化的过程，我们对阅读速度、阅读时间等不应作硬性规定，应有较宽松的时间；对阅读方式方法不应进行太多限制，而应该顺应每个学生自身的阅读习惯，以学生愿意接受的方式进行。因此，我们指导学生进行整本书阅读时，要精心选择可读性和典范性强的读物，且要积极挖掘读物里学生阅读的关注点。教师对于阅读的引领，一定要基于学生的阅读兴趣点和关注点。

（二）需要方法指导和过程管理

行之有效的整本书阅读方法指导是推进整本书阅读的前提和基础。建构对整本书阅读的目标、内容、程序、方法、时间安排、监督推进、研讨评价等统筹机制，是推进整本书阅读的基本要求。

对于广大英语教师来说，集中精力，重点突破，可以在主题阅读上大做文章，建构目标指向更加明确的整本书阅读专题，按照作家、作品、内容、形式等专题进行阅读材料选择，也可以创新整本书阅读任务单的呈现形式，如导读式、笔记式、任务驱动式、问题式、项目式阅读任务单等。以此来培养学生的信息搜集能力、推理解释能力和反思评价能力，让学生在有限的时间内实现阅读素养培养、阅读习惯养成、阅读能力提升的教学目标。

在推进整本书阅读教学的过程中，一定要进行过程性管理。一是数量管理，二是书目管理，三是读法管理。其中，使用"阅读存折"不失为一种好举措。所谓"阅读存折"，是阅读记录卡的一种形式，借鉴存折的样式，填写内容由"阅读时间""页码""阅读书目""阅读积分""家长签字"组成。"阅读存折"每周上交一次，每周一小评，期末一大评。此举有利于教师及时掌握学生的阅读情况，并用积分反馈的形式激发学生的阅读兴趣，以兴趣促进阅读习惯的养成。

(三)需要整合课内外语境下的阅读教学

整本书阅读教学与课文阅读教学应该是相辅相成的,教师一定要使二者建立关联,或由单篇阅读延展到整本书阅读,或在阅读整本书时也关注细节阅读。教师应引导学生在深入解读课文的基础上,深入文本内部,并及时进行拓展迁移,引导学生和编者对话,知道该篇课文在该单元中的位置,揣摩编者意图,将这一篇与这一组课文的"大同小异"弄清楚。同时,利用一本书的目录,对相关内容进行归类整合,巧妙地把篇与篇有机地连接起来,真正做到"掌握一篇,了解一类,读透一本"。

(四)需要建构"教师—学生—家庭"阅读共同体的阅读教学

首先,是教师的先读,可以进行素读批注、相关的文本解读理论著作阅读等。唯有教师的示范先读,才能理清文本的教学价值,设计出合理的阅读任务清单,才能高屋建瓴地指导学生的后续阅读工作。

其次,是家庭的共读。从现实的情况来看,因为存在课程标准要求的阅读量与课时限制之间的矛盾,所以,有必要把整本书阅读的主要阵地转移到家庭,并努力构建家庭阅读共同体。把家庭建设为有浓郁读书氛围、良好阅读习惯、热衷公益阅读、具有阅读成效的"书香家庭"。

再次,是同学之间的分享读。为了保证阅读的连续性,培养同学间的阅读共同体,着力营造良好的阅读氛围显得尤为重要。教师可引导学生成立读书交流小组,为分享交流阅读心得提供平台,展示学生阅读笔记、开展读书抢答会、举办读书报告会等有助于阅读共同体形成的活动,让学生在活动中相互了解,形成凝聚力较强的阅读共同体,可充分利用阅读共同体监督、促进每一个学生个体的阅读行为。

真正的整本书阅读教学应是冲破英语教学狭小格局的深阅读、深度学习,需要以泛读为主,精读为辅,课内阅读和课外阅读的深度整合,正式学习和非正式学习的对接融通。整本书阅读需要课程化,但又要避免过度结构化,要保持教学的弹性,为学生的个性化、差异化阅读和学习留有充足的空间。整本书阅读教学的主要意图不在于学生读完了多少本(套)书,而在于通过整本书阅读的训练,使学生成为语言感受力与运用能力强,视野开阔,阅读习惯良好,思维品质高,且具有一定审美与探究能力的阅读者。

三、初中英语整本书阅读教学国内研究

20世纪80年代,有学者提出阅读整本书的概念,但没有引起太多关注。20世纪90年代,学者开始重视整本书的阅读能力,但受到的关注依旧不多。整本书阅读这个概念在此期间断断续续传播。

21世纪后,各大学者纷纷呼吁课程标准如要培养学生广泛的阅读兴趣,应该扩大范围,增加阅读量,减少练习次数。提倡多读书,读好书,爱读书,读整体书。

在国内,整本书阅读的研究领域比较单一,主要集中在英语学科整本阅读。其实,将整本书阅读应用于英语教学,研究整本书阅读的影响对提高初中生英语阅读素养有非常重要的意义。也希望本书能有助于拓展整本书阅读的应用领域和研究,并丰富方法论。

第三节 国外初中英语整本书阅读教学的研究现状

一、国外关于整本书阅读的相关研究

在整本书阅读中,应为"读写结合"这个老概念赋予怎样新的内涵、新的路径是值得我们思考的。从美国中小学写作教学中提倡的"写我所读"教学法相关研究入手,结合不同学段中的"写我所读"案例,指出其在聚焦英语能力,促进高阶思维,兼具整体观照与微观亮点等方面的价值,提出在整本书阅读活动中要树立读写互嵌、互惠共生的理念,教师应把握关键节点全程指导的建议。

(一)关于读写结合的价值取向

关于读与写的关系,国外研究者认为:"当我们写作时,我们在阅读;当我们阅读时,我们在创编意义。""二者之间是共生的,它们在相互增强和塑造着对方。""如果学生要把知识内化为自己的,就必须与细节'纠缠',与事实'角力',对原始信息和模糊概念进行重新加工,变成可以与他人交流的语言。简而言之,如果学生要学习,他们就必须写作。"①

---
① 周铮.浅谈基于核心素养的初中英语读写结合教学设计[J].新智慧,2020(10):110-111.

这种取向首先将写作视为与阅读相伴共生的互惠关系,它们既不是线性的、先读后写的序列化过程,也不是阅读的附庸。阅读不是以获取文本信息、体悟情感为终极目的,而是创造性地理解作者所表达的意义,而明辨、评价、创造等深层思维活动是实现这种创造的通道。

其次,读写互嵌型任务可实现读写结合。美国学者史蒂夫·格雷厄姆(Steve Graham)和迈克尔·赫伯特(Michael Hebert)认为"写我所读"为学生提供了一种工具,可以直观而持久地记录、联结、分析、个性化地处理文章中的关键思想。学生对就其所读的文本进行写作的过程中,能有更多的机会深入思考文本中的思想内涵,将其组织整合为一个连贯的整体,再将这些想法转换成自己的语言清晰地外显出来,这是一个由外入内,再由内而外的过程,涉及多重认知加工,而学生的写作表现可以为他们的心理活动或高阶认知加工提供证据。

最后,强调教师的指导作用。阅读和写作的过程都需要个体通过复杂的认知和语言能力来构建意义。这些认知及语言能力依赖于解决问题的技能和激活现有的内容和结构知识。这就需要教师提供大量的实践机会,创设真实的情境、设计复杂的任务,使学生实现作为读者和作为作者的双重身份转换。在此过程中教师要搭建脚手架,帮助学生通过文本创作来洞察阅读,从而更好地理解他人的文本,促进读写双向发展。

(二)关于以写促读的实证研究

美国学者史蒂夫·格雷厄姆(Steve Graham)和迈克尔·赫伯特(Michael Hebert)对1—12年级的学生进行了以写促读有效性的实证研究,实验围绕以下三个问题展开:

第一,学生们写其所读是否能提升阅读理解水平?

第二,在阅读中教授写作技能是否能增强学生的阅读技能?

第三,增加学生的写作量是否有助于提升其阅读能力?

为此,他们设计了三个实验,每个实验均有实验组和控制组,详见表1-1:

表1-1 以写促读实验统计表

研究问题	实验组	控制组
读写活动	从四个方面实施写我所读:①学生对文本的反映(分析、解释文本,作出个人反映);②为所读文本撰写概要;③边读边做读书笔记;④读中生成与回答问题	阅读与实验组相同的文章
方法传授	教写作方法,如:如何组织复杂的句子,学会组织文本结构等	教阅读方法,进行阅读讨论
写作频率	每天写阅读日志	在同一时段只进行阅读

需要特别指出的是,这里的写作指的是创作有意义的文本而不是只写简单的句子或者摘抄,也不是回答简单的问题。有研究者运用整合分析法对61个实验组进行了分析,结果显示有57个实验组(占93%)都产生了积极的影响,特别是学习成绩相对落后的学生也有很大的提升。由此,他们得出如下结论:

第一,学生的英语阅读理解力是通过让学生写其所读来促进的。

第二,在英语阅读中,教师有目的、有层次地教授写作技能有助于学生的阅读技能和理解能力的提升。教师的指导包括教拼写、句子结构、段落和篇章文本写作技能。学生在写作的过程中理解文本创作的过程,提升写作技能,提高阅读理解能力。

第三,学生的英语阅读理解能力是通过增加他们写作的频率来提高的。

简而言之,写作对阅读的促进作用主要是通过写我所读、有目的的教和高频率的写实现的。为此,教师要在阅读前、阅读中和阅读后嵌入诸如写概要、做笔记、提问题、记反应等写作任务,在每日读写的过程中教会学生写作,做到读中有写、写中有读、读写互嵌,建立读写之间的深层联结。

(三)读写结合的教学原则

美国著名英语学者盖尔·汤普金斯(Gail E.Tompkins)提出要在日常教学中关联读和写,学生要边读边写,边写边读。学生不仅要知道他们既是读者又是作者,而且要能在双重身份中自由转换,以发展他们的英语素养。为此,她提出七条原则:①在日常教学中,促使学生积累大量的读写经验;②从幼儿园开始就讲解读和写的过程;③反思读和写的自然发展过程并体现在教学计划中;④教学中要给学生明示读写之间的联系;⑤既强调读的过程和结果,也强调写的过程和结果;⑥为读和写设定清晰的目标;⑦在真实的英语体验中教学读和写。

(四)"写我所读"在整本书阅读中的实践案例

1. 促进高阶思维的"写我所读"

如果我们将整本书阅读视为一个持续的项目,作为相伴而生的写作也应有一个持续的写作过程,而不是在阅读之后写一篇读后感而已。研究表明,以书面形式不断回答阅读中的问题能促进阅读深度。因为回答问题的过程会促进对内容的记忆,在此过程中,学生能生成自己关于文本阅读的问题,然后以书面形式回答,而书面答案可以用于回顾和重构自己的答案。基于这种认识,国外的整本书阅读教学中,教师都会指导学生针对所读文本从多角度提出问题并回答。常用的学习工具就是阅读回应单。学生借助这个学习支架,通过多次实践学会阅读一类书。

2. 阅读回应单

关于阅读回应单的学习支架,具体如下:

第一,关于这部小说的简要介绍,故事梗概。(10—20行)

第二,这部小说的主人公是谁? 他/她在每一章扮演了什么样的角色?(5—10行)

第三,选择其中的一个人物,解释:(共10行)①你是否喜欢他/她? 为什么? ②他/她做了什么事? ③你最喜欢故事中的哪个人物? 为什么?

第四,这部小说发生在什么地方?

第五,介绍这部小说的一个部分或一个场景,并给它拟一个合适的题目。

第六,介绍一下你最喜欢的故事中的一部分。(5行)

第七,如果是你写这小说的结尾部分,你会怎么写? 请你关注最后一章,或者你可以评价一下结尾好不好,为什么。

第八,你怎么评价这部小说? 优秀、很好、有趣、没劲儿还是不值得读? 如果满分是10分的话,你给它打几分?

第九,在一张A4纸上为你的小说创作一幅新的封面。你要用4周时间来完成这份作业。

对于中年级的学生们来说,读后感写作有时候会让他们感到无从下手。可以想象,当学生面对千篇一律的梗概感想式的读后感任务时,是无法享受阅读乐趣的。如果再缺少相应的写作指导和学习支架,原本在阅读中产生的模糊感受和内部语言更无法转化为清晰的思考和有序的表达。

这个案例是以互动式话语对中学生的读写联系产生影响的。这些问题似曾相识,但与我国的英语教学不同的是,国外的教师通常要求学生以书面形式回答,而不仅仅是口头回答;是在阅读中记录自己的思考,而不仅仅是"读后"所感。这样做有助于学生将阅读过程与思维过程相结合,把学到的知识和见解迁移到他们自己的写作中,在不断的提出与回答问题的过程中进行积极主动的阅读。这种读写互嵌的任务使阅读成为更深层次、具有批判性视角的阅读,写作成为阅读基础上思维重构、逻辑表达的结果。教师不仅让学生理解一些既定的事实,也鼓励学生用作家的眼睛去观察,思考一下如果你是作者会怎样安排故事的结局,再评价一下结尾好不好。用创意写作代替读后感,帮助学生打开思维的通道,促进学生读者意识和作者意识的切换。学生读中有思,思后有写,在读—思—写中与作者对话,与文本对话,既能提升对文本的深度理解,同时又能洞察写作的奥秘。

教师不仅从内容上为学生搭建了理解框架,而且在每个问题的后面都有明确的行数要求,这也帮助了学生整理自己的思绪,提炼自己对书的理解,并能详略得当地加以表达。对于仍是阅读和写作新手的中年级学生来说,这样的学习脚手架对他们的理解及观点的表达的助推作用是毋庸置疑的。教师可以通过设置多种形式的任务单来解决这一问题。

(五)兼具整体观照与微观亮点的"写我所读"

对于名著,整本书阅读材料的人物、情节更复杂,意蕴更丰富。因此学生在阅读时应从单纯的对情节的关注,转为对遣词造句、语言细节、文化背景、人物思想等的全方位整体观照。如何避免教师讲解过多过细,或放任学生自由阅读,这就需要教师规划科学的、系统的、有思维含量的学习活动链,促进学生阅读与写作水平提升。澳大利亚适合学生阅读的《中国灰姑娘》(马严君玲著),这部小说的读写任务群为我们提供了借鉴。教师为阅读活动制定了清晰的学习目标,具体如下所示:

学习内容:①中国文化、风俗与地理;②不同类型的家庭关系;③自传的性质(事实、意见、观点);④描述性和比喻性语言在故事讲述中的运用与效果。

学习过程:①用互联网搜索;②将你搜索到的故事在小组和全班分享;③探索《中国灰姑娘》故事中的主题、人物和事件;④用阅读日志记录你在阅读中对人物和事件的想法以及新词和有趣的词的意义。

学习技能:①通过互联网进行阅读研究;②在网络上略读和扫描相关信息;③倾听:朗读故事、同学发表的演讲、关于这本书的想法和意见;④以正式和非正式的方式交谈;⑤阅读和回应个人真实的生活故事;⑥在你自己的写作中使用描述性和比喻性语言;⑦记录个人反思笔记;⑧写报纸报道;⑨在小组任务和班级讨论中提供自己的信息和想法;⑩比较你与他人的想法和意见;⑪评估你以及他人在课堂上的口语和写作能力。

综上可见,教师在读前、读中和读后三个阶段,设计了22份任务单,并进行持续而多元的个人、同伴和正式评价。

在内容层面,教师针对每一章都提出了有关故事情节和人物事件的细节问题。为了避免阅读的碎片化,教师又设计了一系列整体把握的学习活动,如:依据小说为给出的事件排序;绘制严氏家族树;进行"热门椅子"交际活动,一位同学表演故事中的人物及事件,其他同学以主持人的身份对扮演人物的同学进行访谈,扮演者必须以书中人物的身份和语言特点作答。

在主题层面,小说的主题往往丰富而深刻。因此,教师设计了读前任务,对中国的服饰、名胜古迹、饮食、风俗等进行探究,为学生的阅读提供背景知识。伴随阅读进程,师生提炼出作品的三个主题:家庭关系、遗弃和孤独、自尊。教师首先示范解释主题内涵,并结合文本说明人物、事件与主题的关系,然后要求学生在阅读中内化这种方法。

在语言层面,教师引导学生分析小说的语言特色和结构,然后以书中主人翁的视角根据书中的事件模仿写日记。这样的读写结合可以帮助学生通过阅读去学习知识,如"自传的性质(事实、意见、观点)""描述性和比喻性语言在故事讲述中的运用与效果";通过阅读丰富体验,如探究中国文化、风俗与地理,发表一个2分钟的演讲;通过阅读培养批判性思维和元认知,如"记录个人反思日记""比较你与他人的想法和意见"等。同时利用互联网搜索和研究,对网页内容进行略读和扫描,这也是现代人在信息时代必须拥有的媒介素养。这样丰富而立体的阅读活动仅仅依靠读后感是无法实现的,"读"和"感"必须相伴相生,而阅读笔记则能发挥很大的作用。

史蒂夫·格雷厄姆(Steve Graham)和迈克尔·赫伯特(Michael Hebert)的研究显示,学生在做笔记的过程中,有意或无意以某种方式组织摘要材料,将不同思想、新旧知识相融合,从而产生对文本的新理解。因此,高年级的小说阅读中,教师应强调运用阅读笔记。这种笔记既可以是随意记录也可以使用结构化的笔记来展示文本中关键思想、细节、概念和词汇之间的关系,以减少阅读的盲目性,下表1–2是教师提供的阅读笔记格式。

表1–2 阅读笔记格式

章节: 主要事件: 人物(包括思想和感受): 你的评论: 有趣的单词及其含义:(至少写5个,并记录页码)

这样的读写任务群兼顾了整本书阅读的整体观照与细节亮点,既有深度又有广度,既有内容理解,又有方法指导,实现了"从内容到表现再到内容,从离散的技能到策略再到技能,在部分和整体之间来回往复"的理解,把读写结合导向深度学习。戴维·科尔曼说,要让学生像侦探一样阅读,像调查报告者一样写作,而这个案例正体现了这一特点。

上述案例都不是一读到底,然后写感想的写作模式。尽管形式不同,但各学段均涉及学生对文本的个人反应、分析、解释、梳理、撰写概要,借助阅读笔记形成产出性技能,通过生成和回答文本的问题来表达对文本的认识等一系列关联读写的任务群。学生在这种任务群中,通过持续而频繁的实践获得经验,实现读写共生,促进英语素养的最终形成。

二、整本书阅读的美国教学经验

尽管中美两国文字分属表意文字与拼音文字两种不同的文字系统，但这不妨碍中美两国母语教育拥有一些共通的价值追求。在历史上，美国母语教育始终注重语言的实际运用，自20世纪70年代以来，培养阅读素养一直是美国重要的教育目标之一。他山之石，可以攻玉，笔者以美国哥伦比亚大学师范学院阅读与写作项目(Teachers College Reading and Writing Project，以下简称TCRWP)为例，探讨美国整本书阅读的教学经验。TCRWP由该项目负责人露西·麦考密克·卡尔金斯(Lucy McCormick Calkins)创立于20世纪80年代，致力于提高中小学生的阅读和写作素养，切实加快中小学生的学习进步与发展。TCRWP目前已经成为全美广泛认可的阅读与写作教学研究的知名品牌，有两百多所学校参与其中。

(一)TCRWP课程目标

哥伦比亚大学师范学院读写项目组成员历时15年，进行了大量的阅读、教学、记录、研究和改革，不断修正和完善自己的想法，确立了TCRWP的目标，包括两个方面，即培养独立阅读者与培养终身阅读者。

1. 培养独立阅读者

阅读能力是学生基本素养的重要组成部分，培养独立阅读者一直是美国教育的重要目标之一。为了培养独立阅读者，美国出版界与发行商研发了图书分级体系，影响力较大的有根据可读性规则或蓝思(Lexile)规则所建立的分级体系，分级的主要依据是对每个单词的音节或每个句子的单词进行公式化计算得出的结果；还有在指导性阅读或阅读恢复中确立的分级体系，分级的主要依据建立在对书本为读者所提供的信息来源的研究基础之上。

"培养独立阅读者"是TCRWP追求的重要课程目标之一。TCRWP将学生划分为"独立阅读""在指导下阅读"和"阅读困难"三种阅读水平。学生在"独立阅读"水平下必须能够准确阅读书中95%的单词；要达到"在指导下阅读"水平则必须能准确破译书中90%到94%的内容；如果在意义理解、文字或阅读流畅性方面存在问题，则是"阅读困难"的表现。大多数情况下，阅读者的阅读准确率应该达到90%。TCRWP特别研究了针对"在指导下阅读"和"阅读困难"两种阅读水平学生的指导策略，帮助一些在识字、阅读理解和阅读流利度等方面有困难与不足的学生和他们所就读的学校找到方法,达成阅读教学目标。

2.培养终身阅读者

TCRWP认为"培养终身阅读者"意味着让学生过一种重视阅读的生活,让阅读成为学生的生活方式,或者说帮助学生构建阅读生活。

总之,"培养终身阅读者"是让学生将"阅读"与自身的"生活"紧密联系。其中帮助学生成长为终身阅读者的办法不止一种,TCRWP认为最简单、最有效且最能被广泛认可的办法,是让学生根据自己的目的和兴趣选择图书阅读,从每天的阅读中受益。如果不为学生提供开始独立阅读生活的机会,如果不教育学生过独立阅读生活,就无法肯定教学对学生产生了影响。

许多学生与书籍痛苦奋战多年,不只错过学校学习内容的绝大部分,而且一生都将阅读和痛苦联系在一起。教师要阻止这种痛苦的产生,让孩子爱上阅读,并使他们在毕业后继续阅读,成为终身阅读者。正如吉姆·崔利斯强调的,"我们教孩子去热爱与渴望的,远比我们要求孩子去学会的有价值得多。""知之者不如好之者,好之者不如乐之者。"TCRWP的阅读教学始于帮助学生建立对阅读生活的渴望和憧憬,未来会过怎样的阅读生活,今天就进行怎样的阅读学习。

(二)TCRWP的实践模型

TCRWP认为各种阅读教学形式都有其优势和局限,每种形式只适用于一种特定的教学情境。例如,学生自主阅读的优点是可以独立选择想阅读的图书及阅读的时间,并对图书的内容产生自己的理解;局限是教师如果不跟学生一起阅读,就很难在学生阅读思考的过程中对其进行启发,也不能向学生展示不同的思考方式。TCRWP采用综合性的构思,对好的想法进行取舍、平衡、贯通和设计,形成完整的、稳定的阅读课程,以培养终身阅读者。TCRWP阅读课程的稳定结构描述的是从幼儿园大班至八年级的阅读课程,其中更侧重于二年级至八年级的课程。TCRWP在实践中重视因为喜欢阅读而进行的优质阅读,重视每天花大量时间阅读和培养阅读的习惯、策略。

1. 创设教室阅读环境

TCRWP的阅读课程运行于由物质环境、制度环境和心理环境共同构成的教室阅读环境之中。即便课程内容合理,如果运行在一个不适宜的环境之中,也很难取得好的教学效果。

(1)物质环境

第一,教室藏书。阅读的先决条件是要有一批近在手边的书。如果提供给学生更多的书,他们的阅读量就会翻一倍。斯蒂芬·克拉生(Stephen D·Krashen)在《阅读的力量》一书中用多组研究数据证明:家中接触书的机会越多,阅读书籍越多;教室中的书库越好,阅读书籍越多;学校中的图书馆越好,阅读也越多;使用公立图书馆会增加阅读量。教室里配备较多的藏书,有助于提高学生的阅读量与阅读水平。

在国际学生评估项目测试中,芬兰学生阅读素养的分数一直名列前茅,并且芬兰中小学生的阅读分数远远高于经济合作与发展组织其他国家学生的平均水平。在芬兰的财政预算中,教育经费的金额仅仅少于社会福利经费,名列第二。教育经费在芬兰政府预算中所占比例高达18%,在图书馆建设上的投入尤其突出,人均占有图书馆和藏书量的比例都居世界首位。走进芬兰的中学,几乎每所学校的每间教室里都有书柜。这也许是芬兰教育竞争力排名位居世界前三的深层原因之一。

TCRWP建议教室里可以建立班级图书馆、班级图书架或班级图书角。学生每一次阅读都可从手边各种读物中作出选择。其中,班级藏书要具有丰富、适宜与便捷的特点。

"丰富"体现在数量与种类两个方面。如果学生手边书籍数量不多,那么找到有可读性书籍的机会也就相对较少。相反,如果提供学生更多的书,他们的阅读量就会翻倍。TCRWP建议班级图书馆里的图书量要达到能够保证每个学生至少有20本书可以借阅的程度,这意味着一个有30名左右学生的班级,藏书量需在600册左右。藏书最好包括学生感兴趣的图书种类。如果藏书数量充裕,类别却比较单一,而这一类书又刚好是学生不感兴趣的,那么效果还不如数量不多却都是学生感兴趣的图书好。

"适宜"主要指难度适宜。有两种情况会带给学生破坏性的阅读经历,第一种情况是教室书架上放了太多对学生来讲太难的书,第二种情况是有些学生存在更高的阅读需求,却被要求跟着全班其他学生阅读同样的书籍。

"便捷"指的是要保证有用的藏书让学生能够随时拿到手。有些学校确实拥有丰富的藏书和非常吸引人的图书馆,但是却不鼓励学生使用这些馆藏,怕弄脏或遗失书籍,这就走入了误区,因为书的价值在于给人阅读,而不是整整齐齐端放在书架上。学年之中,需要更新班级图书馆的藏书内容,以适应课程与学生的变化。

第二,阅读空间。阅读总是需要空间的。阅读空间和阅读的乐趣、情绪、专心度有着极大的关系。学生必须有一个可以让他们心无旁骛地阅读的场所,才能专注地融入书本。在班级氛围良好、布置温馨舒适的教室里阅读的学生,当然会比那些需要面对杂乱无章教室环境的学生更容易进入状态。教师可以在教室里用书架圈出一片阅读区,有条件的学校也可以设立独立的图书室。

在教室里设立阅读区,书架最好面向教室,背向阅读区。书架背面正好可以形成一圈小小的墙,将阅读区隔成一个空间。学生在借还书时,不必绕进阅读区里,既方便挑选和归还书籍,也保持了阅读区的安静。阅读区里面可以布置软垫,并陈列一些图书,要是空间允许,还可以摆上小沙发和小桌子,让这个小天地显得更舒适、更吸引人,墙上还可以贴一些书的海报。有些学校拥有独立的图书室,里面有精心设计的阅读角,有足以容纳整个班级的学生在其中阅读的空间。学生捧上一本书后,不是必须坐到指定位置,而是应该能够找到自己觉得合适的地方,在阅读时间内既可以在阅读区里阅读,也可以在自己的座位上阅读。学期初,所有的学生都应坐在自己的座位上读书,尤其是注意力不能长时间集中的学生。几个星期后,可以请几名学生在教室里先挑选一个地方,这个地方就是他们的私人阅读角。阅读角是一个可以让人以最佳状态读书的地方,找到一个适合阅读的地方也是阅读生活的一部分。

(2)制度环境

第一,时间制度。阅读是需要时间的,要想将学生培养成读者,一定要给他时间来阅读。TCRWP负责人卡尔金斯认为,如何合理安排阅读教学时间不是一个小问题,毕竟时间就是生命,是人们的一切。人们把有限的时间安排为做这件事或那件事,实际上是作了一种价值选择。教育者需要有长远的战略眼光和对学生终身发展负责的精神,从制度上保证学生拥有阅读(尤其是自主阅读)的时间。从一所学校安排的阅读时间的长短以及保证阅读时间不受其他活动干扰的决心,可以看出这所学校的气质。艾登·钱伯斯也认为,在培养学生成为读者所需的几个不可或缺的重要条件中,阅读时间的安排是最为重要的一项。即使有很丰富的馆藏与很舒适的场所,如果学生没有时间去阅读它们,这些馆藏与场所也无法发挥应有的功能。

因此,在基础教育阶段,每天都应该拨出一些在校时间让学生自由自在地挑选自己喜欢的书阅读。只有在这样的阅读环境下,学生才会在周末或放假时自动自发地去找他们喜欢的书来读。

第二,借阅制度。构建借阅制度是为了保证图书更好地被阅读,一方面要防止图书的损坏与流失,另一方面要避免学生很难借到图书。TCRWP建议建立班级图书馆的借阅和归还机制。通常情况下,班级图书馆的管理主体是本班教师和学生。一些班级的做法是给每个学生四个"代书板";当从书架、篮子或展示架上拿走一本书时,学生就要把其中一个代书板放在那本书的位置上;当还书的时候,学生则放下书,取回代书板。另一些班级的做法是让学生在借书时在一张借阅表上签上名字,还书时再把名字划掉。有些教师请家长和学生签合同,让他们承诺如果图书丢失,他们有责任赔偿。当然,班级图书馆的管理主体也可以是学校图书馆,如果学校中心馆藏与班级图书馆统一编目系统与流通系统,就意味着学校图书馆会协助管理班级图书馆。

(3)心理环境

TCRWP坚信阅读具有社交性。在教室这个小的社交世界里,大家都需要去读书和讨论书。教授阅读理解时,教师应教授倾听、理解和回应,即:让学生去倾听作者,倾听彼此,把自己的想法和同学的想法联系起来;让学生判断哪些是重要的或不重要的,理解同学的真实意图;和书中的人物产生共鸣,聆听彼此的想法和观点,从彼此的眼中打量文本和世界。

在无效的讨论中,学生的表述很少彼此关联。例如,一个人说了观点,然后另一个人说,但是第二个人说的观点不是建立在第一个人的话语基础之上。共创教室阅读社区,学生首先要学会彼此倾听,并开始被彼此的话语影响,这是阅读教学中非常重要的一步。用仪式、规则和庆祝活动来建立学习社区,让每个孩子都能全身心地参与其中,在所加入的社区中建立认同感,学会享受他人的陪伴是学校的重要目标。

2. 提供稳定阅读课程

TCRWP强调阅读教学形式的丰富多样,但是各种创意都围绕一个中心展开,即阅读课程的稳定结构。当阅读课程结构比较稳定的时候,教师就可以提前准备后面的教学内容,学生知道第二天需要做讨论,也可以提前做好准备。TCRWP认为,一个完整的阅读课程通常会包括以下形式:教师为学生读书、开设独立阅读工作坊、评估、讨论、阅读中心和读书俱乐部建设、开设写作工作坊、文本回应。阅读课程实施中应坚持让学生基于自己的想法,读自己选择的图书,从每天的阅读中受益。

第二章 我国初中英语整本书阅读教学的应用现状

第一节 初中英语整本书阅读教学现状

一、初中英语阅读教学"碎片化"现象突出

(一)阅读信息"碎片化",无法构建整体框架

【案例一】牛津译林版初中英语 7B Unit 6 Reading Part A Down the rabbit hole.

这篇文本是名著 Alice in wonderland 的第一部分,讲述的是 Alice 遇见 a rabbit 后发生的事情,是一个较为有趣的小故事。教学的重点是让学生学会提取文本信息,构建整体框架。有的教师在教学实践中,在尚未介绍故事背景之前,就带领学生对文本内容进行了深入分析,这种肢解式的讲解,导致学生获取的信息呈现"碎片化",具体如下所示:

T: Read Para 2 and answer the questions.

What does "it" refer to in the Para 2?

What did it say?

What did it do?

T: Read Paras 4—5 and complete the table(表2-1)。

表2-1 阅读段落填写表格

There were doors all around,	but	they were all locked
Alice saw a small key on a table,		it did not fit any of the doors
Alice saw a lovely garden on the other side, and tried to go through the door,		she was too big

T: What does "down, down, down" mean?

S: ……

T: It means fall down. Can you give some examples?

S: ……

在整个教学环节中,教师根据自己的主观臆断和教学重点,将文本内容的阅读分解为若干个问题,在"一问一答"的固定模式中,学生收获的知识支离破碎。这篇文本是《爱丽丝梦游仙境》(Alice in wonderland)的一个片段,关注的是场景的转换及细节的描写,没有故事背景的铺垫,学生难以从整体上了解文本内容;与此同时,教师采用跳跃式的提问方式,导致学生的思维出现断层,未能充分理解文本内容。看似学生在教师的带动下积极参与课堂学习,但事实上,学生是处于一种"被阅读""被学习"状态,难以关注到各个知识点之间的关联,只见树木不见森林,学生得到的必然也是表面的、零散的信息。

(二)阅读思维"碎片化",导致思维能力弱化

【案例二】牛津译林版初中英语8A Unit 5 Reading Part A Giant pandas.

这部分主要介绍了大熊猫希望的早期成长过程以及大熊猫当前所面临的困境,呼吁人们要保护自然、保护环境,不要捕杀野生动物,并要采取一些保护大熊猫的措施。有的教师在导入课堂时,通过追问的方式引导学生阅读,具体如下。

Q1: Do you like pandas?

Q2: Was Xi Wang heavy when she was born?

Q3: Where can you find out the answers?

Q4: Do giant panda face any problems?

Q5: Can you find out the ideas in the passage?

在这一环节中,虽然学生能通过阅读文本直接找出答案,但是这些问题的设置既未能体现文本的思想主旨,也未能调动学生思维的积极性,且这些碎片化的问题让学生的思维始终停留在浅层状态,难以向深层发展,从而导致学生的思维能力弱化。

(三)阅读方式"碎片化",导致阅读浅层化

【案例三】牛津译林版初中英语8A Unit 8 Reading Part A An earthquake.

这部分介绍了1999年台湾地震幸存者Timmy的经历,希望学生通过本节课的学习,揣摩Timmy从恐惧、绝望到自信、充满希望并积极自救的心理活动,并且掌握一些与地震有关的词汇和切实有效的地震逃生技能。有的教师在教学本课时,主要采用的是"朗读法"进行教学,要求学生在大声朗读后回答问题。朗读虽然是阅读教学的有效方式,但单一的大声朗读会让学生缺乏深层思考,教学效率低下。在这样泛滥式朗读、回答的多轮循环中,学生的收获是碎片化的,也是表面的、浅层的。

二、初中英语整本书阅读教学中存在的问题

(一)整本书阅读与教材体系难以对接

作为一种新的阅读教学方式,要想确保整本书阅读的效果,务必要做好和教材内容的有效衔接。当前,初中英语整本书阅读主要体现在名著导读的模块,这一模块是一个单独的模块,与其他单元主题的内容在关联性上并不是很强,无法实现和单元教学主题的对接。此外,很多教师对整本书阅读的开展不够重视,没有将整本书阅读有机地呈现在同一本教材中,导致整本书阅读教学无法有效开展。

(二)师生对于整本书阅读的认识不足

当前,初中英语整本书的阅读仍然处在起步阶段,教师缺乏足够的整本书阅读指导的经验,学生也缺乏整本书阅读的实践,在阅读过程中势必会出现很多的问题无法解决,对于阅读目标的设定,对于阅读的规划仍然需要细致的规划。此外,对于学生来说,英语学科所要学习和记忆的内容比较多,并且时间也很紧张,为了能够快速提高自己的英语成绩,很多学生都怀着功利化的想法,且由于未能够正确认识到整本书阅读对于其自身阅读能力提升的重要性,所以不太愿意花太多时间在整本书阅读上,这就导致整本书阅读在学生阅读学习的过程中无法有效推广与落实。

(三)学生认可阅读重要性,但阅读时间和阅读量偏少

针对英语整本书阅读的问题探索,笔者主要对本届学生以及部分往届学生进行了实际调查访谈。调查发现,初中生认可阅读的重要性。绝

大多数初中生认为阅读对自身的成长和发展非常重要。其次,多数初中生认为阅读量偏少。在本次网络问卷"你每年阅读的书籍有多少本"的调查中,有少数的受访者选择读不完一本,一半以上的受访者表示,每年读书的数量在1—6本,只有少数的受访者表示每年能读10本以上书籍。他们很多都只能完成教材教科书的阅读,其余的课外书籍由于学习任务繁重,实在是无法完成。

(四)阅读面狭窄,缺少专业书籍的阅读

据专家测量,一个人才的知识建构,从直接经验中获得的不足20%,而通过阅读得到的间接经验却在80%以上。因此,要达到初中英语课程标准中对英语专业知识的要求,初中生就必须进行广泛深入的阅读。日常碰到语句词难题时,总是寻求答案,缺少英语阅读的自觉性。其次,缺少阅读场所,可读之书偏少。访谈结果表示,良好的阅读环境对自己很重要,有36.9%受访者表示向往在大自然中阅读,27.5%的调查者希望能有专门的读书沙龙活动。然而大部分学校没有专用学生阅读室,书籍相对单一,多是课内用书、教育类杂志类,普遍利用率不高。再次,学校除了对初中生教育工作考试考核之外,对初中生的阅读现况关注度较少,缺少制定针对性的对初中生的阅读指导方针政策及阅读活动的组织策划。

(五)整本书阅读提升了英语阅读教学难度

相较于传统的单篇阅读教学,英语整本书阅读教学在难度上有了明显的增加。首先,学生阅读能力的欠缺,以及阅读专注度不够,导致学生很难静下心去读完一本厚厚的英文书籍,很难逐字逐句地去品读一本著作,并且越来越多的新奇有趣的娱乐方式分散了他们的注意力,挤占了他们的阅读时间。其次,对于教师来说,整本书的阅读指导需要做更多的前期准备工作,而且不仅仅是工作量的加大,整本书阅读教学在内容深度、思想价值方面都对教师提出了更高的要求。教师首先要成为一个好的阅读者和思考者,只有这样才能给予学生更专业的指导。①

---

① 于百慧.初中英语整本书阅读的现状与实施策略[J].教书育人,2022(14):75-77.

(六)整本书阅读的评价方式有待完善

有效的阅读评价方式可以在很大程度上促进整本书阅读的开展。整本书阅读在内容、阅读方式上与以往的单篇阅读有很大的不同,单篇阅读的评价方式与整本书阅读是不相适应的。我们需要结合整本书阅读的特点对评价方式进行一定程度的革新。但就目前来看,在评价上我们仍然较多地沿用了以往的评价方式,由此无法足够全面且客观地对学生的整本书阅读进行评价。

(七)相关方重视程度不够

由于初中教学受传统教学方式的影响,学校对整本书阅读教学口头强调多,实则在认真落实方面还需要加强;教师为了完成升学目标,顾不上将其作为重点来抓,名著整本书阅读教学基本是英语教学中的"副业";家长方面也会害怕影响考分,对名著整本书阅读教学的基本态度也都不是很明确。由此可见,并不良好的名著整本书阅读教学生态圈,对初中英语整本书阅读教学造成一定阻力。

(八)学生阅读兴趣不足

学生是阅读的主体,没有足够的阅读动力,就不会产生好的阅读效果。初中生还处于未成年阶段,自我意识尚未成熟,知识积累有限,对大部分英文的作品原著还没有形成足够的阅读能力、阅读兴趣和阅读习惯,同时初中生自我约束能力不强,导致坚持阅读的耐力还不够。这些自身存在的阅读障碍对整本书阅读存在一定的反力。

在初中英语教学过程中,教师没有在课堂上对学生的阅读兴趣进行培养,导致学生无法切身感受到英语阅读的魅力。现实课堂教学中,教师往往片面追求学生的应试成绩,这导致初中生学习英语的方式以反复练习英语试题为主,而忽视了阅读的重要性。阅读是诸多英语学习环节中趣味性较高的环节,这是因为学生可以通过阅读的方式,对不同的文化或信息加以了解,同时上下文语篇的作用在整本书阅读中就更加凸显了。对比枯燥的词汇、语法学习,教师设置的通关任务、导读赏析等环节来渗透整本书阅读,定然会更受学生的欢迎。整本阅读不仅能够激发学生对新事物的探索,而且能够使初中生在阅读中积累更多的英语词汇。需要注意的是,迄今为止,仍旧存在部分英语教师在选择教学方法时没有参考学生的意见,导致学生将课后练习视为阅读的最终目的,无法全身心投入阅读的过程中,阅读兴趣不足的问题由此而显露出来。

(九)阅读时间不能保证

初中生正处在生理和心理发展的关键期,对通过阅读经典名著了解精彩故事有比较强烈的冲动,但因课业以及作业繁多等问题,课内基本听教师讲解,没有时间用于整本书阅读教学。目前的初中英语教学还基本沿袭单一的课堂教学,可管控碎片时间的现代信息化教学手段应用较少,导致课外或节假日的时间不能充分利用,这些"碎片化"时间大多用于电子读物的"碎片化"阅读了。

三、初中英语整本书阅读存在的关系及面临的问题

(一)整本书阅读与教材的关系

按常理,只有国家规定的教材才是法定教材,只有法定教材才是必须教的。一般来说,作为课外阅读的整本书阅读不是必须教的。那么,它们之间究竟是一种什么关系?是互补,还是延伸?如果认为整本书阅读与"教材"是一种互补关系,怎样安排课时?教师和学生有没有时间兼顾?如果不是互补关系,那么它们之间各占多大比例?需要明确的是,教师读过一本书和指导学生阅读一本书,并不是一个概念。教师要有能力指导学生阅读,同时又要处理好整本书阅读与教材教学的关系。再从学生角度看,一个中学生一年有多少业余时间可以用在课外阅读上?他们有没有时间去读一本完整的英文名著?对于这些问题,初中英语教师都要仔细加以考虑并且要做好周密安排。

(二)整本书与节选文的关系

所谓整本书阅读中的"整本书",是指具有个体独特精神生活和创造劳动的真正的精神产品。关于整本书阅读的概念最早是叶圣陶先生提出的,叶圣陶先生认为整本书阅读是要优于单独篇章的,整本书不仅在文学体裁上更加多样化,同时专注于某本巨著还能培养学生良好的阅读习惯,而单独的篇章会分散学生的注意力。

由于各方面的限制,节选文教学可能比整本书教学的实践性更强一些,但如果英语教学仅仅局限于节选文,而忽略整本书,则英语教学是无

法完成培养学生良好阅读习惯以及阅读能力的目标的。

1. 整本书与节选文的教育价值不同

节选文是为了达到特定的教育目标或者满足特定教育需求,从整本书当中节选出适宜作为教材内容的部分入选教材,同时节选文还需要契合教材的单元目标,因此,其涉及的内容相对有限。选文不仅具备整本书教育价值,并且还能让学生了解到整本书的内容,培养学生的阅读兴趣,让学生的阅读范围从课本延伸至课外,从节选文延伸到整本书。但笔者认为节选文的内容毕竟有限,所呈现的仅仅是整本书的部分内容,对于全书涉及有限,无法起到"窥一斑而见全豹"的作用。节选文无法起到让学生了解整本书内容的作用,甚至会导致学生的认知产生偏差,二者在教育价值也有所差异。

2. 节选文是整本书的引子

以节选文作为教材内容,必然有其特定的功能与价值,然而节选文也仅是整本书的一部分,虽然独立呈现是一个整体,但其与整本书之间的联系不可分割,永远无法脱离整本书而独立存在。之所以说节选文是整本书的引子,主要原因在于,教材选择节选文作为课文,也是为了引导学生阅读整本书,通过节选文让学生了解作者,产生阅读整本书的兴趣,在课外时间去阅读原作。学生原本可能对于文学名著缺乏兴趣,但是通过节选文的学习,会吸引学生,使学生产生了解更多的欲望与想法,进而自主阅读整本书,而这也是编者的意图之一。

(三)整本书阅读中精读与略读的关系

叶圣陶曾就精读与略读关系说过这样的话:"就教学而言,精读是主体,略读只是补充。但是就效果而言,精读是准备,略读才是应用。"在整本书阅读过程中,略读应占主导地位,是在掌握精读的基础上进行的阅读。精读是在略读的过程中抓重点进行阅读所使用的阅读方法,而略读是贯穿于整部作品所要使用的阅读方法。在整本书阅读中精读是为了更详尽地掌握文本精髓,而略读则是为了更好地了解文章的整体思路和较为全面地掌握文本。这两种阅读方式虽是不同类型的阅读,但都指向同一个目标。因此,在进行整本书阅读时这两种方法缺一不可。

精读指向细腻的感受、透彻的理解和广泛的联想;略读则是主动地舍弃、有意地忽略,以求更高的效率。这是教材对精读和略读的定义,笔者在此基础上分析研究,引导学生要精细地读、鉴赏地读,将文本吃透、悟透并学会运用。吃透、悟透即在理解层面学习,学会运用就是在运用层面学习,只有将二者充分掌握并且有效结合起来才算是完成精读这一环节。

1. 学会理解文本

（1）理解文本内容

以小说为例,文本理解首先是把握小说主旨、理清人物关系、抓住人物特点等。在小说中,要理清人物关系可以将一个人物作为切入点,然后发散出去,以更加清楚地理解文中的人物关系。对于掌握人物特点、抓住人物形象特征,要从语言描写、动作描写、细节描写等方面进行系统分析和归纳总结,这样一个鲜活的人物就会立刻呈现出来。

（2）了解作品的形式

首先要知道文本的风格,再了解作品的语言特色。

2. 学会运用文本

引导学生学以致用、举一反三,并使学生理解文本内容以及掌握作品风格。对于理解文本内容,我们可以利用理解文章大意这一方法解决考试中出现的阅读叙述性文本这类问题。对作品风格的掌握,其有利于学生迅速定位文本类型,便于学生从脑海中迅速搜索已学知识并对其进行简单的归类,进而将相关知识提炼出来对该文本进行解答。

3. 整本书阅读中略读方法的指导

略读是一种快速的阅读方式,抓重点进行阅读、找自己感兴趣的、不懂的地方进行阅读。略读在整本书阅读当中使用频繁,探讨如下。

（1）抓特点

整本书阅读前要先对这部作品进行分析,即分析作品类型,了解这部作品的写作风格。阅读小说则要知道小说的构成要素,若是散文则要抓住散文"形散神不散"的特点、掌握文章的主要线索等。

（2）抓重点

整本书阅读时要学会抓住文中的重点,阅读时要有意识地去抓文中的主要特点。阅读重点还应放在对精彩片段的欣赏,在阅读时要进行重点阅读。

(3) 抓难点

在完成整本书略读后要抓住作品中的一些难点、不懂的地方进行分析,这样略读才算真正完成。在阅读完整本书时应解决这部作品中存在的问题,这样才会有所收获。教师在进行略读指导时应提出几个问题让学生在完成阅读后进行解答。学生也要学会自己解决遇到的问题。在阅读文本时能将这部作品中的难点解决,那学生就基本掌握了这部作品,这样的阅读即为有效。

"授人以鱼,不如授人以渔。"这一系列方法指导,都可以帮助学生更好地进行整本书阅读,提高学生的阅读效率,并尽快掌握精读与略读这两种阅读方法。

(四) 整本书阅读与初中考试的关系

一个任务布置下去,如果没有检验,任务就要落空,英语整本书阅读也是如此。没有考试则无法检验成效。这里的考试包括各类考试,首先当然是中考。

比起中考要求,初中英语教材少了什么?

现在大多数初中英语教材,不管是人教版还是外研版,都是以实际交际为导向的。特点是多图画、多口语,少语法知识、少长难句。

而中考是以应试为导向的,不那么重视口语交际,命题主要考查点就是语法和长难句,这与现行教材基本上是背道而驰的。

简单总结一下,就是初中英语教材内容过于简单,若想上重点班甚至是冲刺名校,仅仅学好初中英语教材上的内容完全不够,对此,整本书阅读的教学模式,就十分有必要深入探讨。只要学生能够做到阅读英文的整本书,很多问题就可以迎刃而解。

(五) 整本书阅读与影视网络的关系

对于整本书阅读,也许更大的挑战来自电视、电影、手机、网络等。现代传媒的发展使纸本阅读逐渐式微,而数字阅读成为一部分学生的选择。多样化的阅读习惯使许多学生缺乏一种思维训练——将抽象文字转化为形象文字的训练,所以现在学生缺乏形象思维能力成为一种普遍现象。

面对并不轻松的学习压力,这种情况下要学生静下心来读整本书,不但需要激发他们的兴趣,而且也需要坚强的意志和积极的情感才能做到。在没有影视的年代,读小说是青年人娱乐的一种方式,然而现在不论是什么小说,都不如直观的影视节目更吸引人。

其实面对这一挑战,我们可以把消极因素转化为积极因素,可以利用影视效应来推动整本书阅读。简单来说,就是观看小说翻拍的影视,然后引发兴趣去阅读原著。

第二节 初中英语整本书阅读的实施策略

一、整本书阅读中家校合作的必要性

(一)家校合作整本书阅读的内涵

家校合作整本书阅读是指在以班级为单位的整本书阅读环境内,班级所有学生、教师、学生家长合作进行整本书阅读。学生、教师、家长经常在阅读过程中进行沟通、交流,讨论、分享各种阅读资源,可以在共同营造的平等互助、有条不紊、快乐愉悦的氛围中,在科学的阅读方法和阅读计划干预下,共同实现一定的阅读目标,达成共同的愿景。

(二)家校合作整本书阅读的必要性

1.家校合作整本书阅读是中学生整本书阅读文化建设的内在需要

中学生整本书阅读文化指中学生群体对整本书的阅读观念和阅读文化活动,包括整本书阅读的目的、价值取向等。中学生整本书阅读面临着阅读时间少、缺乏良好的阅读条件与环境、学校图书馆和家庭藏书未普及等问题,而且中学生也未养成整本书阅读的习惯,没有掌握现代化、便捷高效的阅读方法,没有认同整本书阅读尤其是经典阅读的重要性,反而出现了中学生娱乐化、碎片化阅读倾向。对此,推动家校合作整本书阅读可以调动更多力量共同推进中学生整本书阅读,促进中学生整本书阅读习惯的养成和营造整本书阅读气氛,提高中学生整本书阅读的能力。

2.家校整本书阅读共同体是学习规律在整本书阅读中的有效运用

教育本质论认为,教育是通过个人参与人类的社会意识而进行的,并且人们在出生的时候就已经无意识地开始了这一过程,在这个过程中,学习不是孤立的个人活动,而是需要参与到整个人类社会活动中进而完成学习任务和目标;建构主义学习理论认为,知识的获得是在一定的社会文化背景下,通过人们之间的相互协作,以及学习者与社会环境相互作用,所达到的意义建构过程,学习知识要求个体与他人合作、交流、沟通,还要与各种环境有相互作用;社会互动论认为,教育是一个社会化过程,是人际关系的融洽、提供良好的学习环境条件以利于学习者个体知觉的分化,并且将新的资料准确无误地整合到学习者个人知觉之中的活动。其中,人际关系和学习环境对学习者有着重要的影响,而互动学习更有利于学习者习得新知识,以及产生更加有意义的学习。

以上这些教育或学习理论的共同特征是强调学习的社会性和情境性,学习应该打破个体的封闭,主动地和其他学习要素互动和合作,形成学习的向心力,以便达到理想中的学习愿景。家校合作整本书阅读则鲜明地体现了这些共同特征,即学生、家长、教师在阅读过程中进行沟通、交流、讨论,创设阅读情境,最后实现一定的阅读目标,形成相互促进、融洽、积极的人际关系。它为阅读者提供了丰富的阅读资源、积极的阅读情境、共同的阅读愿景、强大的阅读助力,更有利于整本书阅读的推进和成效的取得。

3.家校合作整本书阅读是学校整本书合作组织形式的重要补充

如今,整本书阅读合作组织形式主要以学校内的生生共读、师生共读为主。这两种形式的整本书阅读相对于个人单独阅读整本书而言,有一定的优越性,但同时也存在一定的缺陷。

(1)学生自主阅读的不足

第一,内容选取盲目随意。学生在阅读时往往仅凭着自己的阅读喜好选择书目、篇目、片段。而在阅读的篇目和片段的选择上更是随意,男生和女生之间也存在明显的差异性,大家对喜欢的内容就精读,不喜欢的内容就略读甚至跳过,这样不利于对整本书内容的全面解读。

第二,阅读方法粗糙低效。阅读的方法多种多样,但绝大部分学生并未实际掌握或者运用,只是随心所欲地采用自己觉得方便的方法。通过问卷调查发现,中学生一般只是采用跳读、略读、简单勾画标注的方式,标注的内容和方式也非常粗糙,只简单勾画不认识的字词和有趣的语言和标注有疑问的地方,而极少进行感悟、补充、赏析等形式的批注。

第三,文本解读浅层狭隘。学生在自主阅读时由于比较自由,仅凭兴趣阅读,很难深入文本,无法感同身受地体会人物内心情感,也很难做到发现问题并通过请教他人、查找资料等方式深入探究问题继而解决问题,部分学生的自读大多是囫囵吞枣、蜻蜓点水似的阅读,只能转述大概的故事情节,对人物的认识大多也只停留在基本的好人坏人界定阶段,又用自己为数不多的生活和阅读经验来对人物进行非黑即白的扁平化评价,不会用历史唯物主义的观点去分析人物形象。

第四,互动对象量小力微。通过对学生以往课外自读书目的调查发现,学生的自主阅读内容往往因人而异,呈现出个性化、随意化、多样化特征,差异性非常明显。阅读内容不同,学生之间因共同阅读而产生的互动就非常少,不能就阅读内容进行有效交流。即使有学生因为阅读内容相同而产生互动交流,也只是就相关的兴趣点进行娱乐化闲谈,并未深入有效地探讨研究。这样缺乏互动对象的自读,只停留在纸张文字表层,缺乏思维层面的交流互动与智慧的碰撞,无形之中也错失了"1+1大于2"及与他人共生观点的可能。

总之,学生的自读必须建立在高度的自觉、自主、自发基础之上,学生只有具备超高的阅读素养和阅读能力,才能较好地完成阅读任务,而学生想要提高自己的阅读素养和阅读能力又必须通过深入的整本书阅读,这就形成了矛盾,所以说,这种自读的不足很难通过学生自己来弥补。

(2)师生共读的不足

师生共读,顾名思义就是学生和教师共读一本书,并进行互动交流,一般学生的阅读是在教师的引导与助读下进行的。教师负责教授学生一定的阅读方法,布置一定的阅读任务,督促学生的阅读进度,检测学生的阅读成果。反过来,学生的阅读反馈也会给教师某种启发和感悟,继而加深自己的阅读体验。这种师生共读的方式在某种程度上弥补了学生自读的不足,但是它也有不足之处:

第一,督促反馈不及时。师生共读往往是"一对多"的共读,教师很难及时有效地和每一个学生互动交流,也就很难督促到每一个学生,无法保证每一个学生都能习得教师教授的阅读方法。学生阅读素养不同,对文本的解读不同,感悟体会也迥异,教师一个人的阅读体验无法和所有学生产生共鸣,这样很容易影响学生的积极性,打击学生的阅读热情。教师和学生的互动不够,阅读监督不深入,学生的反馈就会不及时、不准确,教师就无法根据反馈及时调整教读内容和助读策略,师生共读就会流于形式,异变为"教师布置任务,学生自读"的形式,发挥不了它真实的作用。

第二,文本解读不全面。师生共读在文本解读上可能会有纵向的深度,但往往没有横向的广度。教师基于自己的专业和教研资源,对整本书中的某个专题进行深入探究、研讨,能够获得理想的成效。但是教师精力、时间有限,不可能对整本书中所有的专题、人物等进行有效的研究,不能契合学生所有的兴趣点,不能回应学生所有的阅读呼应和诉求。一旦学生长时间得不到教师的有效指导,又没有自主探究的兴趣和能力,就会搁置自己的疑问和发现,对文本的解读不够全面,不利于学生对整本书的内容进行理解和把握。

第三,联系实际不贴切。在整本书阅读中,很多的文本解读或者专题探究都要基于生活实际、联系自身经历、调用社会经验,学生和教师的校园生活比较封闭,很难有效地将实际生活经验融入阅读体验,造成阅读联系实际不贴切。

第四,价值挖掘不深入。每个读者都会在整本书阅读中获得一定的体验、感受、启发和感悟,都会在阅读中挖掘有利于自己生活、学习的价值点。每个人对价值点的挖掘,往往与其职业、年龄、经历相关。相对而言,生活经历越丰富的人,对整本书价值的挖掘越深入,而教师和学生共读,学生对整本书价值点的挖掘几乎都来自阅读任务或者单一的学习生活。而有的年轻教师因为自己生活经验和体验也比较少,所以在帮助学

初中英语整本书阅读教学策略研究

生挖掘整本书价值的时候同样不够深入透彻,这样就大大弱化了整本书阅读的作用。

鉴于生生共读和师生共读的不足,家校合作整本书阅读应运而生,其建立了学生、教师、家长之间的统一联系,增强了三者相互之间的交流、沟通和积极影响,弥补了生生共读和师生共读的不足。作为一种学校整本书阅读组织形式的重要补充,家校合作整本书阅读不但有利于中学生整本书阅读文化的建设,而且对提高中学生阅读水平有着积极的意义。

二、初中英语整本书阅读教学方针

(一)选择适合的课外阅读材料

阅读英文著作的种类和内容,在某种程度上决定了学生对英语阅读表现出的兴趣,因此,教师应当根据学生特点和教学内容,选择适合的课外阅读材料,以教材内容为基础,从趣味性、知识性和可读性三方面出发,对英文著作进行选择,让学生通过亲身体验的方式,感受到英语阅读的乐趣所在,发自内心地欣赏文章。要想达到上述效果,教师不仅需要以真实性和可读性为依据,对英文著作进行筛选,还应当保证作为课外阅读材料的英文著作拥有丰富的体裁和内容。以黑布林版的《绿野仙踪》(*The Wizard of Oz*)为例,这本英文著作的人物和故事情节都十分适合初中生,选择这本书作为阅读对象,能够充分激发学生对课外阅读具有的兴趣,使学生真正感受到英语的内在美。

待学生通过泛读的方式,对故事有了大致了解后,教师可以要求学生在课下对相似题材的英文著作进行阅读,丰富自身词汇量。由此可以看出,以阅读主题为依据,将现有资源进行整合与优化,既能够降低学习的难度,又可以激发学生的兴趣,帮助学生树立起强大的自信。

(二)师生共同阅读

要想保证阅读水平不同的学生都具有符合其阅读水平的英文读物,教师首先应当了解学生能够接触到的英文著作的难度,并对英文著作进行研读,筛选出适合初中生阅读的书目,再根据难度将英文著作划分为不同的级别,推荐给学生。学生则可以根据自身的阅读水平,选择相应的英文著作,在课下进行阅读。

待自身的阅读水平有所提升后,学生可以对更高难度的英文著作进行选择并阅读。这样做的好处在于激励学生对自我发起挑战,由最初的"要我读"逐渐转变为"我要读",基于整本书的课外阅读,自然被学生视为娱乐活动的一种。

(三)给出阅读指导建议

通过走访和调查可以发现,大部分初中生在课下对英文著作进行阅读时,都缺少教师的指导,而初中生的阅历和能力还不足以支撑其独立完成高质量的阅读活动,一旦碰到困难,放弃就成了学生的首要选择,阅读效果自然和预期存在着较大差距。由此可以看出,要想保证阅读效果,对学生进行指导具有十分重要的作用。在阅读计划正式实施前,教师首先应当对阅读策略进行研究与分析,根据学生的实际情况,将不同的阅读策略分别推荐给不同的学生,通过讲解和演示的方式,保证每位学生对阅读策略都具有较为系统的了解。另外,由于课外阅读需要以课堂教学为基础,因此,教师还应当对学生的阅读水平准确掌握,最后再根据学生的阅读水平给出相应的指导建议。也就是说,在学生对所选择的英文著作进行阅读前,教师首先应当给出任务清单,让学生带着任务去读,待学生阅读完毕,教师再带领学生进行线索梳理,完成对文章主题思想的提炼,激发学生去思考。在此过程中,学生往往会对自己在英语阅读上的优势及不足了解得更加准确,并以此为依据,调整后续学习活动的侧重点,阅读成效自然能够得到增强。需要注意一点,阅读前,教师应当将学生在课下所阅读英文著作的难度和学生的阅读水平进行对照比较,保证所选取课外读物与学生的需求高度契合。①

(四)对读书成果进行展示

展示读书成果是帮助学生对所阅读的英文著作的内容进行深入探究的主要方式,对读书成果加以展示的方式较多,如浅层次的好词好句手抄报、对文中某个人物的评价和剖析,某个场景的欣赏或是对整本书的读后感。仍旧以《绿野仙踪》(*The Wizard of Oz*)为例,学生往往可以通过这本书得到以下启示:第一,To know what we have and to use what we have。

---

① 王晓岚.基于整本书阅读的初中英语阅读教学策略研究[J].考试周刊,2021(84):109—111.

作者之所以在书中表达出这一观点,主要是因为在成为一名作家之前,他尝试过很多职业,都以失败告终;第二,There is no place like home。作者从小生活在充满爱的家庭里,所以在小说中,他才说出这样的话。这些信息在书的第一页就已经告诉了读者,所以在阅读时,学生也可以从作者的人生经历出发,对英文著作进行更加深入的研读。

三、初中英语整本书阅读的实施策略

为了更好地实施整本书阅读,初中英语教师应该明确整本书阅读教学的目标,强化学生整本书阅读的兴趣,对学生整本书阅读的技能进行指导,培养学生对整本书阅读的良好习惯,加强对整本书阅读的多元评价。笔者将从自己的教学实践出发,结合这几点策略详细探究。

(一)明确整本书阅读教学的目标

在整本书阅读教学开始之前,教师必须结合学生的学情,结合具体的情况,树立一个明确的目标,即本次整本书阅读想要达到的目的,想要实现的效果,如此,才能更好地指导整本书阅读,为整本书阅读提供方向上的指导。当然,在目标的树立方面,既要有全班同学所要达到的共同目标,也要有不同层次学生需要达到的具体目标。

举例来说,针对七年级的学生来说,由于他们学习英语的时间相对较短,词汇量掌握有限,整本书阅读接触不多,因此,教师可以根据他们的具体情况,为他们推荐上海外语教育出版社出版的《黑布林英语阅读》七年级第2辑《聪明的妇人》(*The clever woman*),这本书生词量不大,故事内容比较简单,适合七年级的学生阅读,对他们来说难度不大。教师在这本书的整本书阅读之前,可以基于学生的学情分析,为学生制定整本书阅读的目标。

1. 总目标

通过阅读这本书,了解故事的情节发展,人物的心理变化。分析文章的典型句子,了解典型句子的结构。

2. 分级目标

根据学生的学情,学困生可以通过查字典来辅助整本书的阅读;中等生需要通过对话来感受人物内心情感,绘制表格来体现故事的发展;学

有余力的学生可以进行英文读后感的书写。

教学案例一——黑布林英语阅读《聪明的妇人》(The clever woman)课堂实践。

(1)文本分析

What:该文本是一篇当代小小说,主人公Mr Murphy在经历了一天的辛苦工作后,满心欢喜地准备回家好好看看书、放松一下。可是每天家里母亲的吉他声、妻子的钢琴声、孩子的吵闹声、锅碗瓢盆的烧煮声却让他觉得不能好好休息放松。终于,有一天他忍受不了了,于是决定向聪明的Linda求助。Linda用自己独特的方法帮助Mr Murphy解决了他的问题,于是Mr Murphy每天下班后终于能好好休息放松了,他感到很高兴。

How:作者以叙事的手段,运用简明扼要的语言,配上有趣的插图,通过故事的开始、发展和结局,展现了主人公Mr Murphy先生和善的性格,突出聪明的Linda运用巧妙的方法帮助主人公解决了问题。作者通过大量的人物对话,详细地描述了Linda帮助Mr Murphy解决问题的过程;通过对每次求助后Mr Murphy家里环境的描写,一次次烘托出Mr Murphy心情的变化,生动形象的场景描写让人有一种身临其境的感觉。

Why:作者通过这个故事告诉读者,当我们不能改变环境时,我们要学会适应它。我们要用积极的态度迎接生活所赐予我们的一切,珍惜我们所拥有的,感受生活带给我们的每一份快乐。同时,当我们遇到生活中的麻烦时,我们要学会如何智慧地解决它,争做一个生活的智者!

(2)学情分析

《聪明的妇人》(The clever woman)选自上海外语教育出版社出版的《黑布林英语阅读》七年级第2辑。本节课是一节读后分享课,教授对象是七年级的学生,对课外阅读尤其是整本书阅读,他们平常接触得不是很多。课前他们已经阅读过这本书,故事的内容相对比较简单,生词量也不是很大,因此对于故事内容的理解应该问题不大。但如何就文本进行深入研读和思考,他们还缺乏这方面的锻炼,因此这也是本节课教学设计的一个重要依据和目的。

(3)教学目标

一是学习理解方面:绘制表格,梳理故事情节发展及人物心理变化。

二是应用实践方面:分析文章的典型句子,尤其是环境描写的句子,从而感受人物内心的情感。

三是迁移创新方面:分享自身成长过程中遇到的自己不满意的事,建立文本与自身、文本与世界的联系。

(4)教学过程

读前导入环节:①教学内容:让学生观察封面、封底,抛出三个问题:What can you see in the picture? Where are they? Can you guess? What will the house be like if there are so many things in it? ②设计意图:新课标中首次把"看"这一语言运用方式写进英语课程标准,由此可见其重要性。的确,该书的封面、封底上都有和这本书内容相关的图片,可引导学生观察并阅读封面、封底,预测故事内容,教会学生掌握用图片来识别信息、获取信息的方法,并引出下面的问题"What's Mr Murphy's problem in the story?",从而展开整本书阅读,具体如下。

读中活动:第一,教学内容:脉络梳理,细节阅读。

开端:快速浏览,找出 Mr Murphy 的问题是什么,他家里的噪声具体是指什么,引出问题:Who does he ask for help?

发展:仔细阅读全书,分析 Mr Murphy 向聪明的 Linda 四次求助的过程。在对这四次求助过程的分析中,要求学生完成一张表格,表格内容包含三部分:What advice does Linda give? Is the problem solved? How does Mr Murphy feel? 笔者先对第一次、第二次的求助过程做了一个示范性的分析,接下来的两次求助过程要求学生阅读后进行小组讨论,并完成表格上剩余的信息。

结局:师生共读最后一页,找到故事结局,Mr Murphy 的问题解决了,他回家后能坐在沙发上好好看书和休息了。

第二,设计意图:梳理故事脉络,形成清晰的逻辑概念,教学生使用各种阅读方法来挖掘、剖析、提炼、归纳文本信息;通过小组合作讨论,提高学生归纳信息、解读分析疑难句和推理判断信息的能力,培养阅读技能,形成英语阅读策略。

教学案例二——英语小说《远大前程》(*Great Expectations*)阅读教学。

下面以著名英语小说《远大前程》(*Great Expectations*)为例,进行英语句式和阅读方法的分析:*Great Expectations* might be the quintessential British novel. To re-read Dickens' classic as an adult is to discover its wit and brio, its influence, and its truth. It has all the elements of classic Dickens—endearing, flawed characters; a plot that skewers the politics of the time; subplots that skewer morality and culture; a love story; and a wonderful storyline.

《远大前程》(*Great Expectations*)或许是最地道的英国小说。成年读者重温狄更斯经典,就会发现其智慧与精彩以及蕴含的真理。《远大前程》(*Great Expectations*)有所有狄更斯的经典元素,讨人欢喜却不完美的角色、主要故事情节能牵住时局、副线情节串起道德与文化,是一部情节精彩的爱情故事作品。

塑造人物形象是小说反映社会生活的主要手段。小说的人物形象多为虚构,往往是杂取种种人,合成一个。小说的人物具有典型性,因为是从生活中许多同类原型中撷取典型因素创造出来的角色,必然比生活中的人更鲜明突出。小说塑造人物的手段多种多样,外貌、心理、行动、语言描写是作者刻画人物的重要手段。而如何阅读小说,具体方法如下。

①阅读英文原版小说,注重思考解答有关问题

找出体现小说主题的句子(或用自己的话概括作品的主题);读了全文后,文章让你明白了什么道理(本文对你有何启迪?谈谈自己的一点体会,最好可以用英语写几句感想或总结);结合全文主题,谈谈你对某一句话(某一个问题)的理解或看法。

用一句话或简明的语句概括故事情节;文中共写了哪几件事,请依次加以概括;用填空的形式概括小说的部分内容(包括指出开端、发展、高潮和结局四部分中的某一方面)。

②英语整本书阅读技巧

准备英文词典查生词:需要注意的是,因为阅读英文小说不可避免地会遇到生僻词汇,所以需要准备一本比较权威的英文词典,最好是英汉版本,方便查阅不懂的生词,或者不明白的释义。但是不建议一遇到生词马上查阅,更注重对于行文的理解,从而推测出生词可能的意思,这样学习到的生僻词汇更容易掌握。

分析提炼长难句的主干:遇到英文小说中有长难句,而且语法结构过于复杂的句式时,尤其要注重对于整体句式的把握,把句式单独提炼出来并进行句式的肢解和拆分,注重先找句子的主语、谓语动词和宾语,或

者主语、系动词、表语等一系列的句式主干结构。

分析修饰限定语的词汇：根据复句的相关引导词或者修饰语逐步分析，明确句式中修饰限定语注重强调的是哪部分的词汇或者短语或者分句。最好尝试用同义词、近义词替代部分修饰限定语，并保持原本的句式含义不变。

学会用英语复述故事：根据阅读的进程习惯做英文笔记，同时注重生僻词汇的积累，能够用英文复述和写出故事梗概，或者把故事进行删改，写英语小作文。

最后在保证基本理解故事梗概、人物个性的总体上，注重文章描述的故事背景和当时的社会氛围。人物总是生活在一定的环境里，一定的人物总是和一定的环境联系着，离开了环境，人物就没有活动的天地，人物的思想性格就失去了社会根源。英文小说中描述的环境，包括社会环境和自然环境，其重点是社会环境。社会环境主要交代作品的时代背景；自然环境主要包括人物活动的时间、地点、景物，用以烘托气氛，表现人物的感情等。

（二）强化学生整本书阅读的兴趣

兴趣是最好的老师，要高效开展整本书阅读，势必要强化学生的整本书阅读兴趣。为此，教师应该做到以下两点。

1. 推荐适合学生阅读的书目

在推荐书目的时候要结合学生的认知特点与发展规律，为学生推荐生词量少、情节波折、内容丰富、有趣有料的书，这样能够很好地激发学生的阅读兴趣。前面我们提到了分级阅读读物——上海外语教育出版社出版的《黑布林英语阅读》，除此之外，还有很多英文原版书籍也是非常适合初中生阅读的，也可以推荐给学生，比如《老人与海》(*The Old Man and the Sea*)、《时间的皱纹》(*A Wrinkle in Time*)、《野性的呼唤*》(*The Call of the Wild by Jack London*)和《爱丽丝镜中世界奇遇记》(*Alice's Adventures in Wonderland by Lewis Carroll*)等。这些故事性比较强的英文原版书对于初中生来说是非常有趣的，也很容易被初中生接受。当然，由于学生的英语学习情况不同，词汇量不同，教师可以根据不同学情的学生推荐不同的书籍。

2. 积极开展整本书阅读的趣味活动

在整本书阅读的过程中,教师应该积极开展整本书阅读的趣味活动,通过丰富多元的活动形式与活动内容调动学生的阅读兴趣,使学生积极参与整本书阅读活动中来。常见的活动形式主要包括听读、剧本改编、专题讨论会、读写结合等。

(1) 听读

听读是指结合朗读版进行阅读,这样既可以降低阅读难度,又可以音形意结合,同时提高听力。很多网站或者APP上都有很多英文原版听读资源,教师可以选择合适的推荐给学生。

(2) 剧本改编

教师可以鼓励学生在整本书阅读之后,将该书进行改编。例如,将剧本改编为舞台剧作为期末的成果呈现出来。

(3) 专题讨论会

可以组织学生组建共读小组,将几名同学统一进度,定期交流阅读体会或组织专题讨论会,这样对每一名学生来说都是一个从输入到输出的过程。

(4) 读写结合

在阅读完之后,可以引导学生进行读写结合。如教师要求学生在读完"*The Red-Headed League*"后,结合在阅读过程中探究的主题思想和实际生活,写一段阅读启示。学生理性地表达自己的观点、情感和态度,把在阅读过程中习得的知识、悟得的道理进行迁移运用。

(三) 对学生整本书阅读的技能进行指导

对于初中阶段的学生来说,整本书阅读过程中最重要的就是阅读技能。良好的阅读技能不仅能够降低阅读难度,还能够节省阅读时间,提高阅读效率。然而缺乏阅读技巧,则会感觉到整本书阅读困难重重。为此,教师应该对学生的阅读技能进行指导。一般来说,可以引导学生进行泛读、速读、略读、寻读等阅读技能训练。

1. 泛读

泛读是指广泛阅读大量涉及不同领域的书籍。

2. 速读

为了提升学生的阅读速度,教师可采用计时方式,每次进行5—10分钟即可,不宜太长,因为计时阅读,精力高度集中,时间一长,容易疲劳,精力分散,反而乏味。阅读时先记下开始时间,阅读完毕记下停止时间,即可计算出本次阅读的速度,随手记下,长期坚持,必定收到明显效果。

3. 略读

略读是为了快速阅读大量的非重点内容。具体来说可以运用以下技巧:①印刷细节,如书或文章的标题、副标题、小标题、斜体字、黑体字、脚注、标点符号等;②阅读文章开头的第一、二自然段,力求抓住文章大意、背景情况、作者的文章风格、口吻或语气等;③阅读段落的主题句和结论句,特别关注句中的动词、名词、形容词、转折词和序列词等。

4. 猜读

由于学生的词汇量相对较薄弱,很容易遇到生词,如果一味地查字典,不仅耽误时间,而且影响学生的阅读兴趣。为此,教师向学生可以传授猜读的技巧。如,可以根据上下文、情节的发展以及定义来进行猜测。

举例来说,《黑布林英语阅读》中的《赤诚之心》(*Fireball's Heart*),是一个篇幅相对比较长的故事,而学生面对篇幅比较长的书,其阅读积极性不高,一些学困生甚至产生了放弃的想法,但如果我们能够掌握阅读技巧,即便是篇幅较长,也无法阻挡阅读的脚步。例如,教师可以先指导学生读故事封面,了解故事文体、作者信息,读插图预测故事的发生、发展与结果,并用默读、快读、浏览、跳读等方式快速把握故事梗概,列出主要人物,把每一个场景的故事讲好,以形成一个个既相互独立又各有关联的完整故事;然后,教师可带领学生结合教材的 Making friends 主题进行主题意义探究,如,该主题是如何生成的?它通过哪些元素来体现 faith 和 empathy?这样就能带领学生从结构安排、人物安排、情节安排方面入手掌握阅读的技能。

(四)培养学生整本书阅读的良好习惯

在传统的英语阅读教学中,学生习惯了阅读几百词的小文章,这种碎片化的阅读虽然一定程度上能够提高学生的阅读水平,但是对学生的英语素养培养来说还是远远不够的。为此,教师要培养学生整本书阅读的良好习惯,要使学生从碎片化的阅读习惯中挣脱出来,科学地规划整本书阅读,形成整本书阅读的良好习惯,具体如下。

1. 引导学生制定阶段性的整本书阅读计划

引导学生在每一个阶段都要制定阶段性的整本书阅读计划,如,在七年级刚入学时、新学期刚开始时,教师就要引导学生制定初中三年或者本学期的阅读计划,并且将阅读计划进行细化和完善,明确读什么、何时读、如何读。

2. 列出必读书目和选读书目

学生对英语整本书阅读的了解并不多,对英语原版书籍的了解也是有限的,为此,教师需要为学生列出必读书目和选读书目,供学生参考。

3. 列出整本书阅读进度表

为了督促学生在课后有计划地进行整本书阅读,教师可以引导学生列出整本书阅读进度表,详细地对整本书进行拆分,规定每周阅读的数量,并且在进度表上进行体现。如此,更利于学生养成良好的整本书阅读习惯。

(五)加强对于整本书阅读的多元评价

前面我们提到,教师常常会忽略整本书阅读的评价。但是,整本书阅读完成之后,教师的评价是非常重要的,能够对学生有一个反馈和导向的作用。为此,教师要加强对于整本书阅读的多元评价,以评价促反馈,以评价促发展。具体来说,评价可以由以下几种形式组成。

1. 以整本书阅读计划表与进度表为依托进行评价

在学生整本书阅读的过程中,计划表和进度表是体现在书面上的重要材料,教师可以以此为依托进行评价。

2. 以读后感为依托进行评价

在整本书阅读之后,教师可以引导学生写英文读后感,而英文读后感会体现学生对于这本书的一个认识和感受。为此,教师完全可以以此为依托进行评价和反馈。

3. 以情景剧表演为依托进行评价

在整本书阅读完成之后,教师可以引导学生以小组为单位,将书改编为舞台剧,并且小组排练,进行情景剧的表演。而教师在观看表演之后,对于学生整本书阅读的情况能够有一个更全面的评价。

在英语学习过程中,阅读是四项基本技能之一,也是学生英语能力的重要评判标准。阅读教学中,碎片化的阅读已经成为英语课堂的常态,这是受时间因素的限制,也是受传统英语教学的限制。但是,随着"双减"的实施和新课程改革的不断推进,英语整本书阅读的地位越来越受到重视。我们应该认识到,整本书阅读对于提高学生英语综合素养的重要性,并且积极引导学生进行整本书阅读,在此过程中,不断发现问题、解决问题,使整本书阅读成为常态,成为学生的习惯。

第三节 基于核心素养的初中英语 "整本书阅读教学"

当前初中英语教学以提升学生英语语言综合应用能力为主,而仅仅依靠英语课本教学资源,无法充分实现这一教学目标。为了弥补英语课堂教学的不足,充分调动学生参与英语教学的学习兴趣,整本书阅读成为提升学生阅读理解能力,提升学生英语水平的有效教学方式。初中英语课程教学标准对学生词汇量和课外阅读量作出了明确要求,这要求初中英语教师在教学过程中不仅要依靠英语课本教材,还要深入结合英语课外阅读材料,使学生在词汇量和阅读量上不断提升。基于当前初中英语课堂教学的局限性,初中英语教师有必要不断改革教学方式,将整本书阅读教学形式深度融入课堂教学中。

一、初中英语整本书阅读的积极作用

(一)激发学生英语学习兴趣

初中阶段是学生英语学习的基础阶段,在这一学习阶段,学生的英语基础相对薄弱,英语词汇量与阅读量都明显不足,学生对英语知识的学习处在相对较低的层次。因此,初中英语教学有必要结合学生学习现状,利用学生较为活跃的思维特征,在课堂教学中巧妙结合各种教学手段,激发学生好奇心。而当前初中英语教学中,学生主动性发挥不足,难

以实现效果较好的英语阅读教学,基于这一原因,初中英语教师在开展阅读教学过程中,可以充分利用整本书阅读的方式,对课堂教学进行有效补充。整本书阅读会使学生对英语化氛围产生浓厚兴趣,这就使学生更加积极主动地投入英语课堂学习中来,学生学习英语的压力将有效减少,教学效果将得到不断深化,这对于学生英语核心素养的形成具有积极意义。

(二)提升学生英语阅读素养

对传统的英语阅读教学现状进行分析,不难发现,教师在教学过程中往往结合英语阅读材料、课后阅读练习题,使学生对具体问题进行探索性阅读。在这样的传统英语阅读教学模式中,学生会根据练习题目的要求,进行有针对性的阅读理解,这使学生在阅读理解过程中具有强烈的目的性,但对文章具体内容的理解并不充分,容易造成学生英语阅读素养形成缓慢问题,且不符合初中英语教学的具体要求。而在整本书阅读教学的帮助下,这类情况会发生有效转变,这主要是由于学生在开展整本书课外阅读过程中会对陌生英语词汇、英语句型进行主动查找翻译,学生英语自学能力和应用能力将在这种教学方式下得到有效提升,这对学生阅读素养的提升具有明显作用,也将不断促进学生英语核心素养的形成。

(三)促进学生英语学习能力的提升

在初中英语教学过程中,学生英语能力提升最直观的表现就在于学生英语学习成绩的提升。在传统的英语教学过程中,教师往往要依靠大量试题训练来使学生掌握英语阅读能力。但这种教学模式相对枯燥乏味,也增加了学生的学习压力。而整本书阅读的教学方式,将改变这一教学现状,学生在主动阅读的基础上,能持续享受阅读过程,在轻松快乐的氛围中不断丰富个人英语能力。整本书阅读有助于学生利用自己的语言知识和背景知识理解文章的字面意义,掌握文章大意、细节、事件发生的顺序和人物特征等,进而积极思考;根据文章结构,从字里行间推测词义、作者意图,解构描写手法、行文特点等,形成高阶思维,凭借自己的阅读经验和语言能力分析、评价书的特点和优劣,使学生与作者的思维碰撞、观点相融。整体来看,整本书阅读的教学形式将会使学生深刻感悟到英语语言的魅力,在不断的文化碰撞和交融过程中,学生的英语学习能力将会得到有效提升,学生的英语学习成绩也将不断提高。

二、初中英语阅读核心素养培养的重要性

(一)核心素养培养势在必行

当前,我国教育改革正处于蓬勃发展的春天,新课改理念如春雨润物,改变着教师的教育理念、教学方式等。如今初中英语教学模式较之于过去,内容更加丰富,形式更加灵活,学生的学习兴趣更加浓厚,学习的主动性得到了充分调动,并逐步走上了一个愿学、乐学、善学、会学的良性发展轨道。学生可以更加直接地结合学习需求去训练英语能力,有效促进了英语综合素质能力的发展。回首反思我们过去的初中英语教学,不难发现尚存在欠缺之处。

在过去,应试教育压力导致重考试、轻能力培养,一份考卷的分数成为教师教学能力、学生学习成绩的唯一证明。很多老师关注的是提升几分考试成绩,对于学生英语语言的应用、英语思维品质的培养等没有引起足够重视,从而造成了学生英语能力发展失衡的问题。有的学生在考试多得几分的时候就感到快乐,就会产生自信,低几分的时候就会倍感沮丧,考虑的仅仅是下次怎样多考几分。但是,对于如何结合自己的英语能力扬长避短的学习提高,就没有得到教师的有效引导,阻碍了英语综合能力的发展。①

由于部分教师将学生的考试成绩作为重点,其单纯地传授课本知识,教学内容单一,在教学中大部分时间是照本宣科,单纯地讲解课本基本知识、答题技巧等,对于如何培养学生的英语综合能力,促进学生全面发展没有过多地涉及。这样死板、单一的教学模式下,学生对英语学习逐渐变得趣味索然,学习的热情和主动性得不到调动,久之,学生在课堂学习中就会进入低迷状态,英语学习效率就会变得低下。

基于以上分析,培养学生的英语核心素养是教育改革的重点,也是势在必行的教育需求。

---

① 冯儒.基于核心素养的初中英语"整本书阅读教学"[J].新课程,2022(19):52—53.

(二)培养核心素养策略

过去,英语教学过多地关注学生如何应试,核心目标定位在英语的应用能力上,但这与英语教育教学的真正目标差之甚远。我们应该认识到英语教育是以培养全面发展的人为最终目标,初中学生英语核心素养的培养,应该结合语言能力、思维品质、文化意识、学习能力的培养。教师要改变教学理念,创新教学方式,设计并实践培养学生英语学科核心素养的教学策略。

1.精心设计教学活动

创设情境教学。创设情境开展教学是新课改背景下,在课堂教学中得到广泛应用的教学方式。情境教学要结合学生的知识能力、认知特点、生活体验等,目的在于提升教学效率,激发学生的学习兴趣。情境教学可以使学生置身于自己感到亲切、熟悉的场景中学习新知,并在毫无压力感的、轻松自由的学习氛围中学习知识。在初中英语课堂教学中创设情境,要结合课堂学习内容,让学生在相应的情境之中学习英语、探究英语、应用英语,从而促进学生英语能力的提升。

2.结合内容设问,发展与提升学生思维

问题是思维的起点,是探究的动力,结合课文内容巧妙设计问题,是培养学生英语核心素养的重要路径之一。教师要在教学活动中,利用问题情境激发学生的学习兴趣,并通过让学生自主思考、自主解决问题锻炼学生的思维品质。在这一过程中,教师要善于观察学生,从学生对问题的解决能力的分析中,掌握学生的英语学习状况,使教学活动的开展更有针对性,更高效。教师在设计问题时,要突出问题的合理性,要结合学生的英语能力、思维模式来设计,这样才能实现锻炼学生思维品质的目标。

3.结合英语学科特征,培养学生文化意识

英语学科具有较强的人文性,在教学中教师要结合这一特质来培养学生的文化品格。在教学生学会英语知识的同时,实现发展学生核心素养的目标。

三、基于核心素养的初中英语"整本书阅读教学"策略

(一)精心筛选适合初中学生英语学习的阅读材料

为充分实现整本书阅读教学效果,教师有必要对推荐书籍进行精心筛选,选择适合培养学生英语阅读能力的优秀书籍。教师要在了解相关书籍具体内容的基础上,结合初中学生的性格特点,以学生的英语能力为基础,开展书籍筛选工作;教师要以学生的个人兴趣为依托,对推荐书目进行详细筛选,以此来激发学生的阅读兴趣;在具体的筛选过程中,教师要选择人物故事情节清晰、生动有趣的书籍,而对于一些内容烦琐、晦涩难懂的书籍,教师应当予以排除。例如《绿野仙踪》(*The Wizard of Oz*)一书,通过对奇幻生动故事的讲解,从多萝西认识稻草人、铁皮樵夫和胆小的狮子三个朋友的角度,描述了一段神秘生动的经历。从这一书籍的阅读活动中,学生将领会到神话的美妙之处,而清晰的故事人物逻辑将使学生相对容易理解书本内容。基于对故事情节的好奇心,学生会对书中的陌生词汇、句型进行查找翻译,这对于增加学生英语词汇量及阅读量具有积极作用,学生将在对该书目的学习过程中不断反思个人阅读行为,从而不断提升个人阅读技能。

(二)利用思维导图,帮助学生开展整本书阅读活动

在初中英语整本书阅读教学过程中,教师要充分运用各类故事性英语书籍,使学生开展阅读理解活动。在这一过程中,由于学生个人英语能力、英语词汇的欠缺,学生无法充分理解具体内容,这对学生开展整本书阅读无疑是最大阻碍。基于这一现实原因,教师有必要在开展学生阅读过程中发挥好引导作用。教师可以充分运用思维导图,对书籍中的具体脉络和人物关系进行详细梳理,在思维导图的帮助下,学生将会理解文章结构,这无疑会促进学生对书目具体内容的理解,从而促进整本书阅读效果的提升。例如,对《秘密花园》(*The Secret Garden*)一书的阅读中,教师可以针对Mary,Dickon,Colin三者与秘密花园的关系绘制出思维导图,对故事脉络进行整体讲解,从而帮助学生理解整本书的具体内容,为整本书阅读教学活动的开展奠定坚实的基础。

(三)开展阅读指导,深化教学效果

初中英语教师必须明确开展整本书阅读教学活动的真正目的,以提升学生英语阅读能力为目标,不断拓展教学手段。在学生开展整本书阅读过程中,教师必须进行及时有效的指导,深化学生阅读效果,同时帮助学生解决阅读过程中的困难,给予学生鼓励,使学生树立开展整本书阅读的信心。与此同时,教师有必要就阅读技巧和阅读方法给予学生帮助,指导学生做到"动笔读书",在阅读过程中做批注、记单词、抄录名言佳句、写读书笔记、写读后感或续写故事等,完善阅读的过程,使学生逐渐掌握独立自主阅读的能力,以此来深化整本书阅读教学活动的教学效果。

(四)开展读后研讨,激发学生持续兴趣

读后研讨是整本书阅读中的重要环节,它不但能激发学生持续的阅读兴趣,还能深化学生对细节的把控,学生从不同的角度和侧重点对书本进行解析,既能迸发出学生展现自我的激情,又能对整本书有更深入的理解。整本书阅读,关键是整体,它同单篇文本的教学有很多不同之处。组织学生进行整本书的阅读探讨,应该从情节入手,挖掘故事主线、解读人物性格、体悟书本主题等来丰富阅读体验。教师始终要有整体观念,在强调整体感知的同时,教师应该注意引导学生深入阅读,一本书留给学生什么印象,从书中得到的感悟是极其重要的。在读后研讨交流的时候,要解开思维的束缚,尊重个性差异,彰显自我个性,注重学生的不同体验,加深学生对整本书的理解。

整本书阅读作为初中英语阅读教学中十分有效的教学手段,对于培养学生英语核心素养具有突出的作用。初中英语教师应当主动探索整本书阅读教学的具体方式,依据当前初中英语教学现状,不断改革阅读教学,促进学生阅读能力的提升,帮助初中英语教学迈上更高层次。

第三章 初中英语整本书阅读教学实践研究

第一节 初中英语整本书阅读活动的组织与实践

阅读整本的书可以改变以往单篇精讲教学模式造成的知识碎片化问题,让学生们在相对完整的知识视域下自由地汲取知识营养。这样一来,不仅给学生们提供了相对完整的自主感知空间,而且也营造了较好的综合阅读能力训练空间,既助力了学生英语学习视野的开阔,也促进了学生英语核心素养的内化。故组织整本书阅读活动是开展英语课外阅读活动的有效方式。

一、整本书阅读开展的意义

在古代教学中,无论是在官学还是在私学求学的学生,他们要研读的对象都是整本书。组织整本书的阅读活动是在现代教育发展过程中,继承古代优良教学传统的需要,也是改变以单篇精讲打天下,纠正学生对英语学科知识的错误认知的要求。[1]

(一)整本书阅读助力学生自读能力的发展

整本书中的内容是在共同的文化领域中创造的,具有较强的故事性与可读性。因此在初中英语课外阅读活动组织过程中要求学生们阅读整本的书,不仅可以帮助学生们在阅读中完成知识互解,发展学生们的独立阅读能力,还能在通过帮助学生们完成系统的、长时间的阅读训练中,发展学生们的统筹规划能力和综合性阅读能力。

---

[1] 倪文娟,王君,刘小娟等.以项目学习为导向的初中英语整本书阅读实践探究——以《爱丽丝漫游奇境记》整本书阅读教学为例[J].英语学习(教师版),2021(6):43-46.

(二)整本书阅读助力学生个性体验的获得

整本书阅读可以营造一个多元化的完整知识感知视域,这一知识感知视域的建立就有效增加了学生们的英语知识感知渠道,让学生们可以根据自己的认知兴趣自由地选择文本解读方向,在兴趣的驱使下进行自主阅读探究,从而获得个性化、多元化的阅读感知体验,获得对英语学科魅力的深度化认知。

二、有序推进整本书阅读活动的方法

通过对整本书阅读开展意义进行深入的探究,笔者深入地体会了在初中英语课外阅读活动组织过程中开展整本书阅读活动的重要性。故接下来,笔者将就如何有序推进英语整本书阅读活动进行解读。

(一)合理导入,成功引趣

成功导读是整本书阅读有序推进的第一步,能引起学生对整本书的阅读感知兴趣。整本书阅读对正式接触英语但学习时间不长的初中生来说是较难的,若非具备了足够高的阅读感知兴趣,学生们是不会自觉自愿地加入对整本书的解读过程中的。而要想在整本书阅读导入过程中成功地激情引趣,就要选择合理的活动导入方式。

例如,在对名著《爱丽丝梦游仙境》(Alice's Adventures in Wonderland)的阅读过程中,笔者先以多媒体展示了《爱丽丝梦游仙境》(Alice's Adventures in Wonderland)的电影剧照,然后问学生们:"Do you know the name of the little girl?""Yes, I know. Her name is Alice."学生答。"Great. Then, do you know what kind of story she will bring to us?"笔者又问。在学生们结合影视观看经验进行简单的故事介绍之后,笔者继续对学生的回答进行质疑,进而让学生们产生验证个人观点的欲望,在内在欲望的驱动下,主动完成了对名著原文的自主阅读。

(二)组织活动,助力思辨

思辨性是任何形式的阅读活动都具备的阅读感知特点,整本书的阅读活动自然也不能例外。因此,要想有序推进初中英语整本书阅读活动,我们就必须想办法唤醒学生在自主阅读中的主动思辨热情,帮助学生们完成个人客观阅读体验与主观阅读感知能力的深度融合。

例如,在对名著《黑骏马》(*Black Beauty*)的阅读感知过程中,笔者为学生们组织了一次"Black Beauty"形象讨论活动。笔者先根据自己对学生英语基础、思辨能力、表达能力和组织协调能力的了解,构建了"Black Beauty"形象四人解读小组。然后,通过让学生们思考"What is black beauty's life like?""Do you think luck is important to a person?""What impresses you most in reading?"等问题,帮助学生们完成了对英文文本的自主化解读,让学生们在对个人认知观点的充分舒展和对他们认知观点的倾听与反驳中,深化课堂思辨,获得对文本内容的深入化感知。

(三)多样呈现,肯定个性

在整本书阅读中,学生们的阅读探究选择是多样的,学生的认知兴趣、精力集中特点也是不同的,故在整本书阅读活动组织过程中,学生们获得的个性化认知成果必定是多元的。所以,要想在整本书阅读推进过程中顺利收尾,教师就务必要组织开放化的成果交流活动,肯定学生个性,允许学生以多样化方式展示个人成果。

例如,在对《老人与海》(*The Old Man and the Sea*)整本书阅读成果的验收过程中,笔者就公布了读后感撰写、故事发展脉络绘制、老人形象分析、拓展性知识内容总结等多个成果展示方向。每个学生都可以根据自己的个性化认知经历选择适宜的成果展示方向,然后以自己喜欢的方式展示个人认知成果。在每个学生展示完成之后,笔者会根据学生课堂展示情况进行有针对性的指导,辅助学生们完善并优化自主认知成果。

三、英语整本书阅读教学策略

《铁路少年》(*The Railway Children*)是一部关于美好心灵和逆境成长的感人故事,适合八年级学生阅读,以此为例来详细阐述英语整本书阅读的教学策略。

(一)导读

导读是开展英语名著整本书阅读的首要环节,目的在于有效地激发学生的阅读动机,并指导学生掌握必要的名著阅读方法。

1.导读策略一:读前激趣,预测故事内容

阅读前动机的激发对阅读起着关键作用,阅读教学的首要任务之一

就是激发学生的阅读动机。这要求教师要通过循序渐进的活动激发学生对名著的阅读欲望,把学生引进读本。

(1)教学片段

教师首先让学生看名著简读本的封面,并提问:What did the children want to do? How do you know? 第一个问题意在鼓励学生大胆预测;对于后面的追问,学生的回答各不相同,教师并不作正误判断,目的是激发学生的阅读期待和验证预测的欲望。

接着,教师问学生:Do you know why the book is called "The Railway Children"? 教师鼓励学生在名著的作者简介部分去探寻答案。

最后,教师引领学生阅读名著目录并鼓励其大胆预测各章内容。

(2)策略分析

作品名和目录是名著主题和内容的高度提炼。学生进行英语名著整本书阅读时,应先从封面、作品名、背景信息、作者简介、目录等开始。在本教学环节中,教师充分利用名著读本的封面、图片等非语言信息鼓励学生对故事进行大胆预测,不仅灵活地培养了学生"看"(Viewing)的技能,而且有效地激发了学生的阅读兴趣。此外,基于作品名和名著目录的活动设计,旨在启发学生以积极主动的心态开启英语名著整本书阅读的大门。

2.导读策略二:试读片段,培养阅读习惯

(1)教学片段

教师给学生充足的时间试读第一章,读完后,教师向学生展示一些阅读方法。

第一,做好阅读旁批。教师借助PPT向学生展示如何在阅读时做旁批,鼓励学生对文本进行适时的圈画,并把阅读时的感受、困惑、质疑或心得注释于文字旁,或写在便利贴纸上贴于适当处。

第二,处理生词障碍。生词容易给学生带来心理焦虑。在名著阅读时,教师要指导学生如何处理生词障碍,如查电子词典、翻阅附录词汇表、求助他人等,但特别要鼓励学生在语境中猜测和感知词汇。

比如,第一章中这样一句话:Their father was able to pay for a cook and a maid, so their mother did not have to do a lot of housework. 教师可鼓励学生

根据上文中的熟词cook大致猜测maid的词义。教师也可因势利导,让学生明白即便不能准确猜出该词的词义,也并不影响对所读内容的理解,不要因此而焦虑。

第三,使用读书卡片。教师指导学生合理使用读书卡片,作为引导和评价学生阅读过程的方法和媒介。《铁路少年》(*The Railway Children*)(简读本)书后附有评价手册,每章的评价由故事的发展脉络、细节、词汇、概要四部分组成。

(2)策略分析

本教学环节中,教师利用英语名著的开篇章节,通过师生同读小说片段,指导学生学会如何适时去做阅读旁批、处理生词、正确使用读书卡片等,不仅为学生后续的自主阅读作了有效示范,也有助于学生培养良好的阅读习惯。此外,以开篇章节作为导读素材,利于学生在较短时间内熟悉故事设置的情境和人物角色,为之后的顺利自读铺好台阶。

(二)自读

对学生来说,只有真正通过自我阅读和思考感知阅读的乐趣,才能实现从阅读能力到阅读素养的转变。在导读的基础上,教师应通过一些措施确保学生真正自我阅读。

1.构建小组,自读互助互促

构建合理的阅读小组对于促进自主阅读顺利进行相当重要。构建阅读小组时要尽量考虑到学生性别、性格、英语学习能力等多种差异,以便小组成员更为有效地进行互助、交流、督促或评价。

学生除了利用课余时间进行名著阅读,教师也可利用每节英语课的前10分钟让学生自读名著。比如:《铁路少年》(*The Railway Children*)共9章,每章节长度差不多,可建议学生每天读1章。学生根据自己的实际阅读情况,把握并调整阅读节奏,认真完成读书卡片。阅读小组每天交流读书卡片,组长借助书后评价手册及时做好评价记录;教师每两天检查读书卡片,了解班级整体阅读进度和阅读效果,并收集整理学生阅读过程中的典型困惑,作为后续名著阅读教学的备用资源。

2.策略分析

教师通过阅读小组构建英语名著阅读环境;通过制订阅读计划,引导学生有序阅读;通过课堂10分钟给学生自读,确保了学生的阅读时间和阅读实效,并保持了阅读和思维的连续性;通过利用书后评价手册和读书卡片引导学生自我检测、持续反思、微调策略,有助于培养学生逐渐成为一个独立的阅读者。

(三)深读

1. 深读策略一:品读语言,感受人物情感

英语名著阅读进入了最为关键的一个教学环节:深读。英语名著深读课上,教师应引导学生回归作品,细读文本,品读语言之美,探索字里行间的信息,体会故事人物的细腻情感。

(1)教学片段

教师鼓励学生分享自己最喜欢的文本片段并说出理由。对于文本的鉴赏,学生从写作手法(如对比)、环境描写、细节刻画等多个维度展开。比较典型的一个赏析视角便是通过人物对话及语言描写,揣摩文字与文学所传递的丰富的内涵及深刻的情感。

比如在《铁路少年》(*The Railway Children*)中,某生最喜欢的文本片段是:爸爸被带走,妈妈和孩子们不得不从伦敦舒适的房子搬到乡下的小房子里。母女对话如下:

Roberta: Can we light a fire, Mother?

Mother: No, dear, it's summer, and coal is expensive. We can't afford to have fires in summer even though the evenings are cold.

而当Phyllis想把黄油和果酱涂在面包上,妈妈说道:"You can have jam or butter, but you can't have both. We can't afford it."

以上片段中,作者运用朴实的语言刻画了故事人物在乡下艰难生活的场景,这种艰难不仅表现在物质财富上的巨大落差,而且有适应新生活时情感和心态上的痛苦调整与磨合。这些语言使读者深刻体会到母亲的复杂心理:对生活的无助,对孩子的怜惜,同时也为孩子的理解而感到无比的骄傲。

(2)策略分析

英语名著阅读过程中,由于知识储备、语言能力、阅读喜好、解读视角等多方因素影响,每个学生都有独特的阅读体验和别样的阅读发现,

教师应鼓励学生分享这些宝贵的体验和发现,引导他们用心去品味生动形象的语言描写,感受故事人物内心的情感涟漪。在读懂名著情节的基础上,学生的审美品位也得以提升。

2. 深读策略二:聚焦问题,发展学生思维

(1)教学片段

英语名著深读教学中,可以借助学生提出的问题以及教师预设的问题,培养学生的多种思维品质,如逻辑性、批判性和创新性。教学的出发点是学生在阅读中遇到的实际问题,教师可以将这些问题转化为教学资源。比如,在整本书的深读课上,有学生提出以下问题:Why did the children wave to the train? /When they met trouble, they always thought about writing a letter to the old gentleman.Why?

教师给予学生足够的小组讨论时间,鼓励大家相互解疑,发表观点。在此基础上,教师通过自己设计的一些问题,鼓励学生进一步深度阅读、思考、评价、交流。比如:What do you think the old gentleman means to the three children? /Who is the most important person to the whole family? Why?

(2)策略分析

阅读是一种积极思维的智力活动过程。读者在阅读时需要对文本信息进行提取、概括、推理、批判等思维活动。发展学生多种思维品质是阅读教学的重要任务,发展思维、启迪智慧是中学英语阅读教学的核心价值。阅读是读者与文本、读者与作者、读者与故事人物对话的过程,对话的过程其实也是彼此思维相互碰撞的过程。在英语名著深读课上,教师要引导学生在阅读过程中树立发现问题和提出问题的意识,逐步提升学生的思维深度和对文本的理解程度。

3. 深读策略三:探究主题,联系生活实际

(1)教学片段

教师引导学生归纳作者通过作品想要表达的思想内涵:What does the writer hope to express in the story? 以下是部分学生的回答:We should learn to trust each other! / We should learn to love family members. / Beautiful soul can bring us happiness, hope, good luck, friendship…

教师接着设计了一些开放性的问题,鼓励学生联系自身的生活实际,

从中挑选自己感兴趣的问题进行思考、探究、发表见解:①What do you learn from these children? Why? ②Who is your favourite character and why? ③We will meet many difficulties in our real life, are they good for our growth? Why or why not? ...

(2)策略分析

英语名著阅读离不开对作品人际意义的关注。学生读英语名著时,既要能"读进去",也要能"走出来";既要理解作品表面上讲了什么,也要感悟作品深层次的文化内涵。在读懂文本的基础上,教师应引导学生推断作品的主题意义和作者的写作意图,鼓励学生基于文本,联系实际,适当延伸,敢于创新,理解作品的文化内涵,把握名著的主题精髓,提升整本书的鉴赏能力和灵活运用语言的能力。

(四)展读

1.展读策略:自主展演,分享阅读收获

展读课前几天,学生以小组为单位自主决定课上要展示的内容和形式,教师可提供必要的建议或帮助。展读课上,有的小组改编并表演了名著的部分章节,有的小组给电影《铁路少年》(*The Railway Children*)的某一片段进行英语配音,还有的小组展示了故事续写。

2.策略分析

常见的英语名著展读活动有制作名著推荐海报、绘制思维导图、戏剧表演、电影配音等。名著展读环节中,通过小组合作、展示等丰富多样的英语学习活动,不仅有助于学生内化知识、提升能力,而且有助于培养学生合作、沟通和协调的能力。学生在准备和展示的过程中,体验了跨文化背景下的人际沟通艺术,也体会了阅读带来的成功感和喜悦感。

总之,在英语名著整本书阅读的过程中,离不开教师的示范阅读引领、可操作性的教学设计和合理的教学活动,教师是督促者和管理者,更要做导读者和伴读者。此外,英语名著整本书阅读是进阶的过程,教师要合理安排教学时间,把整本书阅读纳入教学计划之中,克服盲目性、随意性和不确定性,让学生有时间真读书,读整本书。

(五)多元目标理论在初中英语整本书阅读教学中的运用

《普通高中英语课程标准(2017年版)》(以下简称《高中课标》)指出,英语学科核心素养主要包括语言能力、文化意识、思维品质和学习能力。其中,英语阅读对发展学生的学科核心素养具有举足轻重的作用。首先,阅读过程中高质量的语言输入能够全面促进学生英语语言能力的发展。其次,学生对阅读文本的认知过程能够活跃大脑,提升思维品质。此外,英语读物中包含大量的不同国家的文化要素,如饮食文化、风俗习惯、社会规约以及背后的审美情趣和价值观念。同时,学生通过阅读课外材料能够积极运用和主动调适英语学习策略,拓宽英语学习渠道,提升英语学习效率,发展学习能力。

《义务教育英语课程标准(2011年版)》在语言技能中的五级标准描述中提出,学生的课外阅读量应累计达到15万词以上。课外阅读是课堂学习的必要延伸、补充、拓展和提升,有助于学生灵活运用学习策略,发展语言运用能力;有助于促进学生巩固与消化课内知识,把语言知识转变为驾驭语言与表达的能力。然而,目前初中学生在平时的课堂教学和课外练习中阅读到的语篇大多是一些300词左右的短文,这些孤立的文章仅仅是教师用来训练学生中考解题技巧的习题。这些语篇一般不包括作者以及其他背景信息,很多甚至都没有标题,学生的阅读目的也主要在于完成阅读理解题,但这样并不是真正的读书。此外,在课外阅读的整本书阅读教学过程中,教学往往以语言交流为目标,主要培养学生的语言技能,忽视了文本内深层次的社会文化目标和思维认知目标。因此,在初中英语教学中有必要通过开展在多元目标理论下的整本书阅读活动来提升学生的学科核心素养。

1. 理论基础

龚亚夫(中国教育科学研究院研究员,全国政协第九、十、十一届委员会委员,中国教育学会外语教学专业委员会理事长)认为,作为基础教育的英语课程应设定三个目标,即社会文化目标、思维认知目标和语言交流目标。这三个目标自成体系,但又相互融合、相互影响,它们之间的关系如图3-1所示。

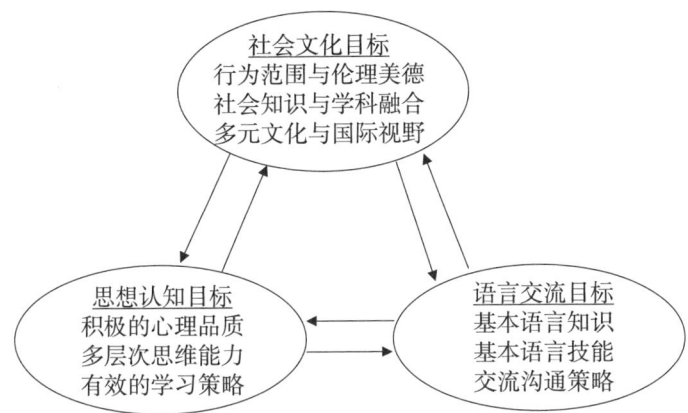

图3-1 多元目标英语课程的概念框架

多元目标英语课程的理念是:个体的思维指导行动,行动影响习惯,习惯形成品格,品格决定命运。同样,品格也影响人的思维,思维又通过语言影响与他人的交往。从图3-1的箭头方向可以看出,三个目标是相互影响的。比如,有什么样的思维方式,就会说出什么样的语言;同样,经常按照某种思维方式看待为人处世的方法,也就会逐步形成相应的品格。因此,培养学生的思维方式,会影响学生的品格;反之,持有某种品格的人就会形成相应的思维方式,并影响其表达方式。那么,如果学生输入的语言材料有助于培养学生的某种品格,就会帮助学生逐步形成相应的思维方式;而语言输入如果能帮助学生形成某种思维方式和习惯,则会影响其品格的发展。英语教育应该通过语言的输入,影响学生的品格和思维。

整本书阅读不同于单篇文章或节选阅读,是完成阶梯式系列英文名著读物的渐进式阅读活动。整本书阅读教学为学生理解与运用语言知识提供了更充分、更完整的语言环境。在阅读整本书的过程中,学生可以经历更为深刻的理解、领悟、吸收、鉴赏、评价和探究文章的思维过程,从而习得语言、获得新知、更新理念和调整思维。在教师的指引下,学生在阅读原版图书的过程中能更充分地体验英语国家的文化传统,理解人物语言、态度和行为背后的文化背景和社会环境,同时,形成正确的态度和行为方式。教师可以通过开展整本书阅读的教学活动向学生输入语境丰富、语言真实地道的语言材料,助力学生提升社会文化意识、思维认知水平和语言交流能力。

2. 多元目标理论在初中英语整本书阅读教学中的实践

现以《书虫·牛津英汉双语读物》(以下简称《书虫》)适合七、八年级和适合八、九年级的系列丛书的整本书阅读教学为例,阐述在初中英语整本书阅读教学中提升学生社会文化意识、思维认知水平和语言交流能力的活动设计策略。

（1）提升学生社会文化意识的阅读活动设计

社会文化目标(social-cultural goals)包括三个方面：行为规范与伦理美德、社会知识与学科融合、多元文化与国际视野。这个目标的设定有助于落实立德树人的根本任务,能够使学生在整本书阅读教学中培养良好的行为规范,树立正确的人生观、价值观和世界观,从而形成国际视野和跨文化沟通能力。

第一,赏析人物品格,内化行为规范与伦理美德。语言是一种文化、一种教养,阅读原汁原味或简写版文学读本对学习者大有裨益。在整本书阅读教学实践中,教师可以为学生挑选一些具有良好行为规范与伦理美德的人物形象的故事类书本。在阅读过程中,学生可以通过赏析人物品格的活动去感知、理解、内化作者所传递的做人道理,从而形成良好的行为规范和美好的道德品质。

案例1——以《绿野仙踪》(The Wizard of Oz)为例,故事的主人公多萝西和她的狗Toto被龙卷风卷到了一个名叫Oz的国度。尽管她的家乡不如Oz美丽,但她始终坚信"无论身在何方,家是最好的地方",于是她不畏艰难困苦,成功地寻找到了回家之路。在途中,她利用自己的智慧和勇气战胜了阴险狡诈的西方恶女巫；她友好且公平地对待偶遇的稻草人、锡人和狮子,并帮助他们实现各自的愿望。在本书的阅读过程中,笔者要求学生整理主人公Dorothy的品格特征并陈述理由。

学生在描述Dorothy品格特征的活动中潜移默化地建立了良好行为规范与美好道德的评价准则,并将其外显为自己平时的行为习惯,努力成为像Dorothy一样有智慧(wisdom)、有胆识(courage)、有爱心(loving)、能公正待人(fairness)、能宽容谅解(forgiveness)、能感恩他人(thankfulness)的人,实现了整本书阅读的育人价值。

第二,探究主题意义,促进社会知识与学科知识的融合。

社会知识与学科融合是指通过英语学习,扩大学生的知识面。教师可以选择一些科普类书本，要求学生运用已学的学科知识，如科学、常识、美术等来了解各种健康知识、生活常识等，并学会运用已有的知识来解决环境保护等社会问题。

案例2——《在月亮下面》(Under the Moon)的主题是人与自然的关系，讲述的是由于人类活动破坏了环境，导致围绕地球的大气臭氧层出现空洞。在学生通过完成书本上的练习理解了主要内容之后，笔者要求学生思考以下两个问题：

Q: What would happen if the ozone layer were really destroyed?

Q: How can we protect it?

学生的回答如下：

S_1: If the ozone layer were really destroyed, there would be no water, forests or fresh air anymore. What's worse, people's eyes and skins would easily get sick.

S_2: We should buy products labeled CFC free.

We also need to drive cars less often and plant more trees. What's more, we can call on people to protect the ozone layer by making some posters on September 16th, the International Ozone Layer Protection Day.

分析：学生在这个活动过程中不仅通过科学知识解释了"我们为什么需要保护臭氧层"这个问题，而且也提出了在日常生活中保护臭氧层的举措，如购买带有"无氟氯化碳"标志的产品、减少开车出行和多种植树木等，同时还想到了在"世界臭氧层保护日"这一天通过制作海报来呼吁人们保护臭氧层。学生在阅读这本书的过程中扩大了关于臭氧层的知识面，在运用其已有的生活经验、学科知识来解决问题的同时增强了保护地球的意识，促进了对自然环境的理解。

第三，解读历史文化，拓宽文化视野。

多元文化与国际视野是指学生扎根本土文化、传承中华传统文化中的优秀品质，同时不能持有狭隘的民族意识，而要具有世界的意识和全球的视野，包括对于不同民族宗教信仰、不同文化的包容态度等。教师可以为学生选择一些不同国家人物传记类的小说，引导学生理解并熟知世界上存在的各种文化。

（2）提升学生思维认知水平的阅读活动设计

思维认知目标包括三个方面：积极的心理品质、多层次思维能力、有效的学习策略。这个目标的设定能够助力学生成为一个具有健康的品格、良好的思维品质和学习能力的人，提升学生在英语学习甚至是现实生活中分析问题和解决问题的能力。

第一，描绘人物的心理历程，形成积极的心理品质。

龚亚夫认为，通过英语教育发展学生的积极心理，不仅可以培养学生良好的行为习惯，还可以通过培养学生的思维方式来促进学生的品格健康发展。在整本书阅读教学过程中，教师可以选择主人公不畏艰难困苦、勇敢解决问题的书本，引导学生描绘出主人公在各个阶段面对危险和困境时的心理变化过程，体会主人公如何迎接挑战并摆脱困境，从而促使学生形成积极的心理品质。

第二，回答层级性问题，提升多层次思维能力。龚亚夫认为，语言教学不仅要教会学生交流，还有培养思维能力的功能和任务。根据布鲁姆对认知过程的分类，布鲁姆将问题划分为识记、理解、应用、推理、分析、综合和评价七个层级。教师可以在整本书阅读教学中通过设计识记、理解层次的问题，帮助学生获取信息，理解主要内容；通过设计应用、分析和评价层次的问题，引导学生点评书本中的人物或事件；通过设计推理和综合层次的问题，助力学生推断作者的写作意图和价值取向，从而提升学生的多层次思维能力。

第三，不断验证预测，提升学习策略。

有效的学习策略是认知思维目标中的部分内容，旨在发展学生的学习能力。在整本书阅读教学中，教师应帮助学生掌握良好的学习方法，如预测、略读、寻读、猜测词义等阅读策略，这有利于其开展自主阅读。阅读整本书的过程是不断预测并验证预测结果是否准确的过程，这能使学生对故事的情节发展充满期待，使其保持阅读兴趣和积极性。

（3）提升学生语言交流能力的阅读活动设计

语言交流目标包括三个方面：基本语言知识、基本语言技能、交流沟通策略。这个目标的设定能够培养学生的综合语言运用能力，从而促进学生的心智发展，提高学生的综合人文素养。

第一，转换人称创作新语篇，迁移语言知识。

语言知识是解码能力和阅读理解的基础,包括词汇知识、语法知识和语篇知识三个要素。语言知识是语言运用能力的重要组成部分,是发展语言技能的重要基础。在整本书阅读过程中,学生可以通过查词典积累词汇,可以通过模仿好句来描述自己身边的事,还可以通过转换人称创作新语篇来迁移运用书上的语言知识,从而培养综合语言运用能力。

第二,看插图写说明,提升语言技能。

《高中课标》提出语言技能包括听、说、读、看、写等方面的技能。"看"这一技能注重培养学生理解图形、表格、动画、符号以及视频中所传递的信息、观点、情感和态度的能力,并促进学生利用所学语言知识、文化知识等,通过口头和书面等形式创造新语篇来发展学科核心素养。在《书虫》系列丛书中有很多插图,教师可以引导学生通过看插图写说明这一活动来提升学生的语言技能。

第三,小组合作共建思维导图,提升交流沟通策略。

交流沟通策略是学生学会与人沟通、与人相处的重要技能。教师可以让学生以小组为单位,基于共读内容,合作创建思维导图,为他们用英语表达自己的想法提供平台,从而锻炼其交流沟通策略。

依据多元目标英语课程的理念,学生的英语课程学习目标不仅仅是培养语言能力,它还包括了其他的非语言目标的培养,如社会文化目标和思维认知目标。教师应充分利用整本书阅读教学这一途径,为学生提供原汁原味且具有育人价值的语言材料,增加语言输入量,弥补初中英语基础性课程指定教材中语篇篇幅较短的不足。在整本书阅读教学中,教师还应设计各种有意义的活动,激发学生的阅读兴趣,引领学生在阅读中充分体验使用英语国家的风俗习惯、行为规范和生活方式等,并运用一系列的整本书阅读策略,如探究主题意义、解读历史文化等,理解隐藏在书本故事背后的人生哲理、文化内涵和社会环境等,从而提升社会文化意识、思维认知水平和语言交流能力,培养英语学科核心素养。

初中英语整本书阅读教学策略研究

第二节 文本解读视角下的初中英语整本书阅读课例分析

一、案例背景

长期以来,初中英语阅读教学呈现碎片化的特点。学生所接触到的课文读本、阅读练习题乃至报刊文章,都是一些篇幅有限、内容孤立的短篇,很少会接触到更新鲜的英文材料,更不要说原汁原味的整本书阅读。学生阅读的目的沦为做题和背生词,而非从阅读中获取知识和愉悦,阅读能力难以得到真正的提升。随着英语课程改革的不断推进,初中的英语课堂教学也发生着日新月异的变化。在阅读教学过程中,教师不仅要帮助学生理解文本的语言,包括词汇和语法等表层信息,更要引导学生关注文本的结构、功能和文本所反映出的情感态度价值观等深层信息,从而教会学生阅读的思路和方法,改变学生"应试"的"功利性"。

二、学生分析

受传统教育的长期影响,学生课业负担并不轻松,因此部分学生的英语阅读的积极性也相对不高,缺乏自主阅读的兴趣,阅读的目的沦为做题和背生词。词汇量的积累以及英语学习兴趣的培养是初中英语学习的关键。整本书阅读可以有效地提升学生的词汇量,并通过阅读帮助学生建立英语学习的兴趣,实现学生对英语的自主学习。文本解读可以让学生对所学内容进行深入解读与分析,充分了解作者写作的意图、文章的主题思想以及文本内容等,增加学生文章语言知识与文化内涵,提高学生自主阅读能力。①

三、教材分析

(一)《典范英语》(*Good English*)

《典范英语》(*Good English*)是英国牛津大学出版社出版的英国学生

---

① 叶敏.文本解读视角下的初中英语整本书阅读课例分析[J].校园英语(下旬),2021(10):219-220.

学习母语的材料。《典范英语》(7—10)由64部文学读本组成,语言鲜活生动,地道有味,深浅适宜,适合我国中学生使用。

(二)《吵闹的邻居》(Noisy Neighbours)

《吵闹的邻居》(Noisy Neighbours)是《典范英语》7的第二本。讲述的是刻薄吝啬的Mr. Flinch有两个吵闹的邻居,Mr. Flinch不堪其扰,使用了很多诡计,最后两个邻居终于要搬家了,结果却是这两个邻居互换了房子。该话题与学生生活息息相关,容易引起学生的思考和共鸣。

四、教学目标

(一)知识目标

正确理解课文语言。

(二)技能目标

通过复述、模仿朗读、文本分析、读后续写,提高听说读写看技能,拓展学生思维,提高学生思维能力。

(三)情感目标

引导学生用积极乐观的眼光和心态看待事物以及思考与他人的关系,尤其是邻里关系。

五、教学过程

(一)导入

T: Today, we are going to have an English class together. First, let me show you a picture. This is the cover of the book…(利用故事封面,以问题链的方式,与学生一起简单回忆故事的主要人物与事件,使学生尽快进入学习状态。)

(二)复述——让学生根据图片显示简单复述该部分故事内容

设计意图:本课授课对象是七年级学生。课标明确指出:七年级学生"能利用所给提示(如图片、幻灯片、实物、文字等)简单描述一件事情"。在整本书阅读第一课时的基础上,展示与故事相关的图片,帮助学生对故事进行复述,减轻难度,学生敢于开口,更容易完成任务并取得成功的愉悦,从而更好地投入课堂学习活动中去。

说明:复述过程让学生根据图片自由发挥,一幅图片可以多人一起完成,鼓励学生用英语进行表达。

(三)对复述的内容进行点评

T:Well, you really did a good job. But in your retelling, there is still something to improve. For example, some pronunciations, through your homework on EK-wing, I have found your problems. Look at these four sentences. Who would like to read the first sentence?

及时的点评既能让学生感受成功,也能及时反馈学生学习过程中存在的问题。朗读的准确性、流畅性不但影响模仿朗读的成绩,而且对整个听说口语考试的成绩起到决定性的作用。及时指出复述过程中以及作业中朗读存在的问题,并给予解决问题的指引,能让学生及时发现问题并解决问题,效果事半功倍。

(四)分析故事中的人物角色性格

1.Intensive reading of Chapter Two and finish the table

T: Well done. Please look at the sentences again. Pay attention to the verbs. From the verbs, we can know that Mr. Flinch couldn't bear the noises made by Poppy and Carl. So he thought of nasty tricks to get rid of them. What are the nasty tricks? Read Chapter Two carefully and finish the table in Task Two of your work sheet. While reading, pay attention to the two questions: What are the nasty tricks? How did Carl and Poppy react? You will have 3 minutes to finish the task. Please go.

在整本书阅读第一课时(泛读)的基础上,本节课设计了精读任务。通过仔细阅读,填写表格,进一步了解文本,为下一步挖掘分本、分析人物性格做好铺垫。

2.Check the answer and guide the students to analyze the characters

T:Time's up. Let's check the answer. Any volunteer?

T:That's very good. Now please tell me: Did Carl feel bad of the nasty trick?

T: He seems...

T: That's right. What about Poppy. What nasty trick is done to Poppy?

T: How did she react?

T: Good. But why did Poppy come running out of her front door?

T: Why was she so excited? She thought the long loud sound is the sound of...

T: Good. So can you describe the characters of Carl and Poppy now?

T: What about Mr. Flinch?

一般情况下,订正练习答案时,很多教师的处理方法是直接让学生把答案读出来或者写出来或者投影出来。订正完练习答案后再进行下一个任务,即人物性格分析。而在这里,本人使用了问题链的方式,一边订正答案,检查学生文本表层信息获取情况;一边步步深入,引导学生进行分析,自行归纳出人物性格特征,获取文本深层信息。

3. Discuss in pairs and find out the supporting details

T: He is negative and miserable. But how do we know that? Can you find out more supporting details? Please discuss with your partner and find out more supporting details. I will give you 5 minutes. Please go.

寻找"支持性细节"是文本解读的另一种形式,这对于七年级新生来说是有较大难度的。为了降低难度以及培养学生的小组合作精神,在此采用了 pair work 的形式。

(五)领悟主旨,升华感情

1.Continuation: Write Chapter 5 for the story

T: Then let's work together to help him find a way to solve the problem properly. Work in groups of six. Discuss the best solution. Write Chapter 5 for the story. You will have 12 minutes to finish your task.

七年级学生词汇量不足,读后续写难度很大。本环节主要目的是鼓励学生积极思考,大胆表达,对语言知识的准确性没有做严格的要求,故大大鼓励了学生的创作兴趣。另外,在小组活动过程中,学生积极与他人合作,相互帮助,共同完成学习任务,遇到问题时能主动请教,勇于克服困难。

2.Show time.(初中的孩子活泼好动,喜欢表现。Showtime 为他们提供了表现自我、实现自我价值的平台。)

3.Emotional sublimation.

T: Please look at the blackboard. These are the solutions given by your classmates. If we do as your classmates advised, we can...

S: Solve the problem.

T: Most importantly, we can have a good relationship with our neighbours. In our daily life, we should learn how to understand each other, and we should be friendly to each other. If you do so, we can get on well with the people around us, including our neighbours.

教育能给予学生的除了知识上的积累外,更重要的是在做人做事、对待生活的乐观健康的心态上给予学生积极的引导。我们应该充分利用身边的教学资源,进行德育渗透,让学生成为德智体美劳全面发展的人才。

(六)家庭作业——戏剧表演

以小组为单位,完善读后续写并改成剧本,为第三课时的"读者剧场"做好准备。

六、教学反思

(一)走进文本解读,提升初中阅读教学效能

作为教师,应该深入挖掘文本当中的人文属性。人文性可以理解为人性与文化性的整合,包括文化、道德、情感等精神生活的方方面面。英语的人文性不是简单地在教学过程中进行说教式的思想教育,而是要在教学过程中挖掘所学内容,促进学生形成良好的性格、品格、意志和合作精神。教师在进行初中英语阅读教学的过程中,一定要鼓励学生边阅读边思考,不要只是浅显地阅读,要深入文本,挖掘文本内涵,对文章的深层含义进行理解和分析,加强文章阅读的有效性。

(二)落实整本书阅读,培养思辨能力

英语并不是我们的母语,因此读真实的书、完整的书显得尤为重要。真实、完整的书为学生提供了原生态的语料,可以更好地培养学生的思

辨能力和多元价值。整本书阅读不仅仅是获取知识的过程,更应该是思考的过程,在思考的过程中获得自己的思想才是阅读的主产品,阅读是发展学生思维的重要方式。

(三)精选读物,用心教育

在初中英语阅读课教学中,教师要善于观察学生的学习情况,培养学生的阅读能力和学科综合素养;在教学过程中要注重增加师生互动,培养师生之间的情感交流。在选择阅读文本时,一定要充分考虑学生的实际情况,选择合适的难易程度。如果教学目标过难,学生在学习的过程中就会跟不上教师教学的进度,久而久之,就会失去学习英语的信心。如果过易,学生就会觉得英语毫无挑战,从而失去学习的兴趣。《典范英语》(7—10)是根据学生的心理特点而精心创作的,里面一个个引人入胜的故事都来自英美文学经典。这些生动有趣且又极富内涵的作品令学生在语言和心智两方面都得到了发展。

第三节 基于KWLSH策略的初中英语整本书阅读教学研究

在初中英语各版本教材中,阅读板块都是英语教学的主要板块。而要提高学生的阅读能力,只靠教材中阅读板块内容是远远不够的。因此,除了教材中的阅读板块,教师有必要引导学生进行大量的课外阅读。发展学生运用学习策略的能力是提高学生学习能力的一个途径,是教学的一项内容,也是英语核心素养的重要组成部分。

与教材里的单篇阅读文本或节选阅读不同,整本书阅读需要教师计划性地指导学生完成相应的阅读任务。好的阅读策略可以培养学生的阅读兴趣,对于提高课外整本书阅读质量起到举足轻重的作用。

一、KWLSH阅读教学策略释义

KWL(What I know; What I want to know; What I have learned)模式由Donna Ogle于1986年首次提出。这是一种认知策略模式,依据学生的认知需要,由教师引导学生参与完成认知过程、实现意义建构,即:教师创设情境,激活学生脑中已有相关知识,唤醒学生积极思维,鼓励学生提出问题,说出学习中的疑惑,引导学生反思所学。

KWLSH策略是运用KWL策略开展"黑布林"英语整本书阅读教学实践中创建的阅读教学模式,是对KWL策略模式的拓展和延伸,旨在提高学生阅读能力,实现能力向素养的转化。

二、KWLSH的组成部分

(一)K(What I know)是回顾与分享阶段

学生在教师的指导下回顾所阅读课外书的相关背景知识,通过个体汇报、小组讨论等方式,学生互相交流所知,互相吸取经验,弥补自己知识上的漏洞,扩充知识容量。

(二)W(What I want to know)是思考与提问阶段

在这一阶段,学生主动参与到阅读中,根据兴趣和知识水平提出疑惑,以及想要获得的知识。教师可以将学生想要知道的阅读信息记录下来,启发学生积极思考,合作探究如何提出更有价值的问题。

(三)L(What I have learned)是反思与评价阶段

学生在学习后尝试反思自己是否掌握了整本书的内容,教师要求学生用产出成果的方式,如口头复述、撰写报告、思维导图、设计阅读绘本等,检测学生是否理解所读内容(认知能力),检测学生是否会准确地、有逻辑地表达所知内容(知识建构能力)等。

(四)S(Share and still wanting to know)是分享与探究阶段

一方面,学生对阅读中形成的理解和获取的知识进行梳理、归纳、整合后,才能以适当的方式分享给他人。另一方面是"仍想知",通过分享阅读成果,学生对于阅读文本有进一步的认识和兴趣,便会主动进行再次阅读,有助于发掘他们的学习潜能,激发学生深层次的认知。

(五)H(How I can learn more)是延伸与拓展阶段

在阅读中教师指导开展一系列活动,如全班分享、小组讨论、合作任务等,帮助学生完善巩固认知的方式,此外,学生还可以通过上网搜索、去图书馆中查找等来获取信息。H还可以表示在KWL基础上教师想要学生获得更多知识(在原来基础上的重构知识)的学习能力。

三、KWLSH策略实践运用

苏州大学实验学校的栾婷婷老师基于上外社"黑布林"七年级系列丛书中的一本《赤诚之心》(Fireball's Heart),阐述KWLSH策略在整本书读后教学指导中的应用。①

(一)K(What I know):回顾与分享教学阶段

在此阶段,教师需要帮助学生回顾已经阅读过的内容,通过对阅读过程的回顾,对小说背景的介绍,对故事中出现人物的检测,以及对文章整体大意的把握,把学生引入阅读情境中,更好地有助于接下来的学习。

笔者首先展示学生阅读时间的统计情况,结果表明,20%的学生能在1小时之内完成阅读,30%的学生能在1个多小时内完成阅读,此外有一半的学生读完整本的时间是1.5小时。这个统计将为教师掌握学生的阅读水平作出参考。

学生在此阶段进行已知内容的分享:Share what you know。围绕美国原住民的文化背景知识、故事主要人物关系、故事层次及大意等开展任务活动及检测。对学生来说,这是一个复习回顾阶段,帮助理清整本书脉络,查漏补缺。栾婷婷老师使用图文结合的PPT增强学生的视觉感受,有助于加深记忆,本环节设计了五个任务(见图3-2),循序渐进地引导学生进入本课小说的阅读情境,分层对学生进行检测,同时将人物信息以板书的形式呈现。

---

① 栾婷婷.基于KWLSH策略的初中英语整本书阅读教学研究——以上外社"黑布林"课外阅读Fireball's Heart为例[J].江苏教育,2020(91):41-44.

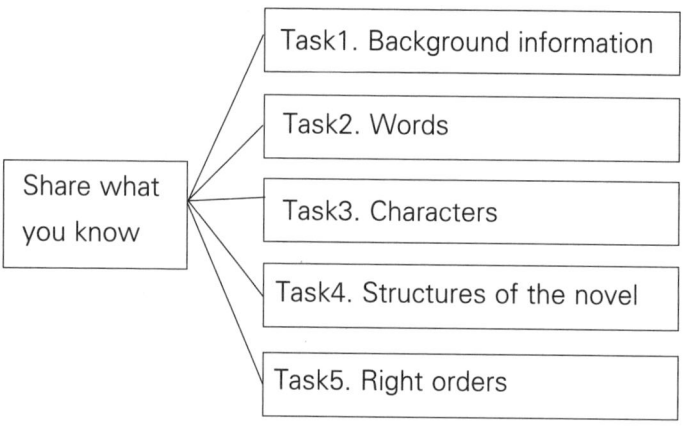

图 3-2　K 环节的五个任务

（二）W（What I want to know）：思考与提问教学阶段

在此部分,学生在阅读过整本书后,在已有知识基础上,进一步地对未知内容进行思考,并提出问题。教师在这一过程中设计富有趣味性的环节,愉快轻松的课堂氛围有利于启发学生提出问题。此外,教师在课前也应该做大量准备,包括教师自己充分阅读文本,跟踪学生的阅读情况,整理收集学生在阅读中可能遇到的疑惑并进行统计,最后进行呈现：①Why do Chief Wise Owl and Chief Strong Buffalo bet? ②What does Chief Strong Buffalo say to his daughter? Why? ③Who gives the other tribe half of his horses in the end? 最终任务交给学生,由他们进行小组讨论得出答案。

（三）L（What I have learned）：反思与评价教学阶段

通过四人小组讨论,学生们交流了想法,获取了更多与小说相关的内容。笔者根据学生反思的需要,结合小说叙事要素(who/when/what/how/why),按照思维导图模版,采用小组合作完成思维导图,引导学生整体把握小说主要信息和基本内容(见图 3-3),完成后小组内根据思维导图复述整本书小说内容,其他同学进行评价补充,若时间允许,可以让学生进行复述展示。

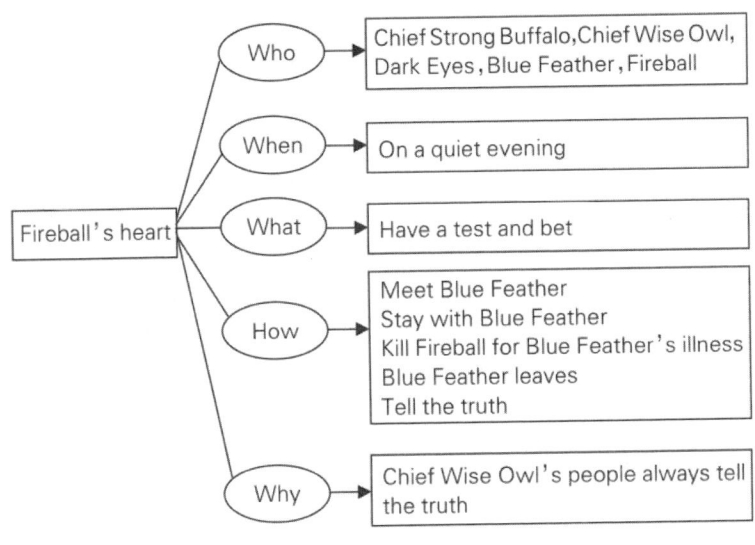

图 3-3 L 环节的思维导图

(四)S(Share and still want to know):分享与探究教学阶段

在本环节中,学生需要自主参与回顾整本书小说内容,并用自己的方式将其重组构建,归纳总结,以应对教师的各种问题和要求。这实际上也是主题升华的部分,教师需要鼓励学生说出自己的看法,结合自身实际经历,用自己的见解对小说进行评论,发表观点。小组讨论更能促进观点的分享,沟通交流能够使学生结合他人的想法进行对比比较,从而丰富自己的观点,笔者设计以下环节(见图 3-4)帮助学生进行分享与探究。

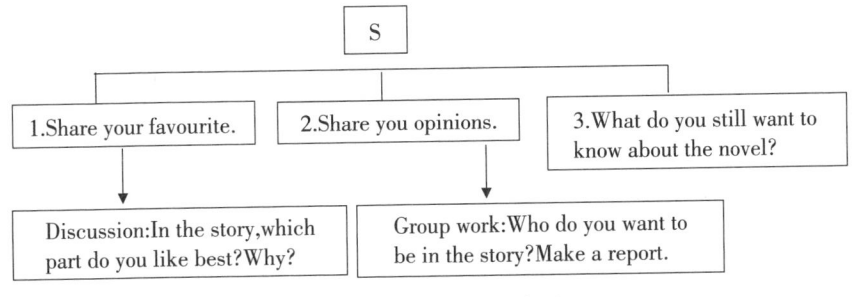

图 3-4 S 环节设计示意图

在解决完整本书的所有读后任务后,设计讨论环节:What can we

learn from the novel Fireball's heart? What should we do in our daily life? 联系学生生活实际，让他们思考生活本身，从小说中能够得到哪些启发，使得学生的思维得到升华，以达到学以致用的目的。

（五）H(How I can learn more)：延伸与拓展教学阶段

实际上，在整个读后教学环节中，学生通过师生活动、生生交流获取知识，而教师在此过程中的引导作用也非常重要。笔者为了检测学习情况，设计了学生"帮助老师解答疑惑"的环节：What does Fireball's heart mean in the story? 教师颠覆自己的角色，让学生帮助解决问题。而这类问题通常渗透对整个文本的理解，答案是开放性的，这种方式能够更好地激发学生参与讨论的积极性，充分体现了学生为主体、教师为主导的教学理念；为了拓展学生阅读的深度，笔者设计了一个环节：Write a follow-up passage about Dark Eyes.这个写作任务具有挑战性，学生可以通过对小说情节的理解，续写"Dark Eyes"的故事，在课堂时间内未能完成的同学作为家庭作业继续完成，学生可以通过书籍或网络来获取更多小说信息来帮助完成此拓展任务。最后，布置"Search for more information about Native America."作为家庭作业，进一步提升学生对于美国本土文化的了解与学习，从而更易于理解小说内容。

四、KWLSH的实践反思

在英语阅读课堂运用KWLSH策略取得的效果比较明显——有利于充分发挥学生的主体作用，有利于教师反思教学现状，有利于发展学生的思维品质，等等。但实施KWLSH策略还要注意以下问题：

第一，教师应深度阅读整本书，它将更有益于策略的实施。作为学生整本书阅读的指导者、组织者、帮助者与合作者，为了更有效地引导学生自主学习，提高阅读能力，使学生真正成为学习的主人，教师在制订教学计划前进行深度阅读显得尤其重要。教师在深度阅读后运用KWLSH策略可以加强实践与反思，在指导学生阅读过程中设计更易于学生理解、实施、操作的活动，提高学生阅读效果。

第二，课堂应采用多种评价形式，不断提升学生的阅读兴趣。整本书阅读内容较长，生单词较多，为了避免阅读过程的枯燥，教师在读前、读中和读后过程中应注意课内及课外对学生的评价，引导学生参与评价，发现和分析阅读中出现的问题。提倡自评和互评,促进生生之间、师生之间的评价交流,促进学生不断反思、取长补短、总结经验,调控KWLSH阅读策略,真正地使策略服务于学生的阅读兴趣及阅读能力的提高。

第三,教师应意识到形成有效运用策略的能力是一个循序渐进的过程。在英语课外阅读教学的过程中运用KWLSH策略能有效激发学生的学习兴趣,帮助回顾过往学习,提出新问题,探讨解决方法,并进行自我评估,延伸思考到知识的更多方面。在以后的整本书阅读KWLSH策略的实施中,还要致力于定期开展多种形式的英语阅读实践活动,比如英语角、读书交流会、专题报告会等有利于提高英语语言运用能力的活动。

第四章 初中英语名著整本书阅读教学的实践与思考

第一节 初中英语名著整本书阅读实施原则及策略

英语名著是一座语言文字的整体世界,走进英语名著就是引导初中生走进文化的大花园,因此,引导初中学生尝试阅读英文名著,激发学生学习英语热情,有利于进入英语教学情境。

一、初中英语名著整本书阅读教学现状

(一)语言环境创设不当

英语名著阅读教学工作在开展时,存在语言环境创设不当的问题,具体可以通过以下几个方面来了解:

第一,部分教师在初中英语教学设计时,不够重视名著阅读教学工作,没有设置专门的时间进行名著阅读教学;学生在阅读名著时,没有足够的时间分析名著,对名著内容的了解不足,无法达到预期的阅读教学目标。

第二,部分教师在创设语言阅读环境时,没有积极组织开展各类阅读活动,在阅读设计时,课堂氛围不当,学生无法快速进入到名著阅读氛围当中,直接影响教学效率。为了转变这一现状,推进英语名著阅读教学工作进一步发展,还需要教师在名著阅读教学设计时,结合学生的阅读教学现状进行语言环境创设,构建良好课堂教学环境。

(二)抑制学生思维培养

现阶段英语名著阅读教学工作中,教师一定程度上抑制了学生思维培养,学生的英语思维能力没有得到激发。

第一,部分教师在讲解名著内容时,还在应用传统教学形式,实际开

展的名著阅读教学工作中,存在教学设计形式不合理的问题,学生在课堂中没有足够的自主分析时间,在课堂学习的过程中难以形成良好的自主分析意识,难以形成良好的名著学习积极性。

第二,教师在教学设计时,没有将学生作为课堂主体,学生仅被动地学习课程内容,对后续的英语阅读教学设计质量有直接的影响。为了提高英语名著阅读教学综合质量,教师可以积极主动地转变课堂主体,从学生的角度出发进行教学内容设计,保障学生能够积极主动地参与到课堂当中。

二、初中英语名著整本书阅读实施原则

(一)整本书阅读名著要具有普适性

初中学生喜欢读什么样的英文名著,教师要进行深入细致研究与调查,与学生多交流,听取学生意见,当然教师的主导地位不能缺失。

目前的中学英语阅读教学中,一些材料内容单调乏味,缺少人文关怀和文化内涵,缺乏对学生心智的启迪,难以激发学生学习英语的兴趣。以巩固语言知识为目的、注重应试而忽视学生的情感体验的阅读训练,使阅读失去了其本应有的魅力和趣味性,也是违背阅读心理规律的。笔者在实践中就推荐了弗朗西丝·霍奇森·伯内特(Frances Hodgson Burnett)的《秘密花园》(*The Secret Garden*)、安娜·塞维尔(Anna Sewell)的《黑骏马》(*Black Beauty*)及露西·莫德·蒙哥马利(Lucy Maud Montgomery)的《绿山墙的安妮——安妮到来》(*Anne of Green Gables:Anne Arrives*)等。这些英文名著比较适合初中学生阅读,适宜的英文名著往往直接影响阅读内化环节,学生阅读中的主体性直接决定整本书阅读的效果。

(二)整本书阅读的实施要具有可行性

英语整本书阅读教学要具有可行性,由于整本书阅读教学方式所需要的时间较多,在现实教学模式下,教师要将整本书阅读有序而科学地进行安排,与日常阅读教学进行无缝衔接,合理安排。初中英语整本书阅读教学要充分利用课内外时间,鼓励学生采取自主—合作—探讨的方式进行快速阅读,足够的时间和空间是整本书阅读具有可行性的前提和基础。

(三)整本书阅读的教学要具有操作性

阅读整本书教师要进行指导,更要有过程性指导,可以组织故事会、读书报告会、亲子阅读等多种形式的读书交流活动;或者适当地引导学生摘抄感兴趣的部分,例如,感兴趣的人物部分、有意思的故事情节部分、有趣的对话描写等。尽管是初中生,但我们不能完全以教师的讲解代替或限制学生的阅读与思考,教师要认真深入地阅读,将自己的情感与名著中的人物进行沟通与交流,将自己的思想与名著中的思想进行比较。初中生比较敏感,会与名著中的人物一起悲伤、一起喜悦。

教师要设计好整本书阅读的流程,例如:提出专题学习目标,目标要契合初中生的阅读水平;组织各种阅读活动,引导学生独立思考,并善于与小伙伴进行讨论与交流。教师可以以朋友或读者的身份去分享自己的阅读经验,平等地参与交流讨论,解答学生的疑惑。

(四)初中英语名著阅读之《黑骏马》(*Black Beauty*)导读策略

在英语阅读指导中,为了能让学生在短时间内了解《黑骏马》(*Black Beauty*)的内容,激发学生的阅读兴趣,教师应设计合理的阅读导读策略,这是提高阅读质量和效率的重要因素。

1.读前提问——让思维"飞一会儿"

古人云:"学起于思,思源于疑。"设疑能够激起学生阅读兴趣,激发学生强烈的好奇心和求知欲。设疑提问,要从阅读起始阶段开始。

阅读前,引导学生观察书的封面及插图,提问:What do you think this story will be about? 封面与插图对正文内容起补充说明或艺术欣赏作用,可以激活学生的想象思维,给学生以无限的想象空间,从而开启美好的"悦读"之旅。

翻开第一章第一段,让学生认真阅读以下文字:"My master was a kind man. My mother and I had a happy life. We lived on his farm. My mother worked during the day. I played with the other young horses."然后思考两个问题:1. Have you ever gone horseback riding before? 2. Do you think Black Beauty is a strange name for a horse?

学生在初读课文后了解到《黑骏马》(*Black Beauty*)是以一匹马的视角来讲故事,并对这匹马会带来什么样的故事产生了好奇。读前提问,让学生带着问题进行阅读,有利于学生快速把握文本的内涵。

2. 解码目录——慢慢"靠近它"

一本书的目录其实就像地图一样有着指南的作用。在目录或序言中,学生对这本书的基本内容和轮廓架构就一目了然了。利用好课本目录,既有利于整理知识,使知识系统化、条理化,又能够促使学生在忆、说、写的复习活动中充分发挥主观能动性,增强自主意识,培养学习能力。

《黑骏马》(*Black Beauty*)是以一匹马的视角来讲故事的英文小说,学生可以在目录中读取"黑骏马"的一生,它经历了 Sold、Bad times、Hard work、Work for a Cab Driver,最后找到了它的 Last homes。其中每一个目录就是一个故事,黑骏马讲述它作为一匹马饱尝了人们所给予的酸甜苦辣。

后期的阅读活动中,考虑到学生的兴趣特点,可以目录为时间轴编排"故事表演",这种微型故事的再创作也是课外阅读活动多元化的一种,既利于学生掌握整体故事内容,熟悉小说目录,又利于增强学生的课外阅读体验,营造良好的阅读氛围。

3. 萃取信息——"邂逅"黑骏马

既然是名著小说,解读的核心就是对小说人物进行解读,学生需要在阅读中提取文本信息,把握人物性格,准确感知人物刻画是如何与一个个故事情节丝丝入扣的。笔者设计如下任务:Scan through the book and know what happened to the characters,并让学生填写下表。

表4-1 小说人物解读表

Name	Gender	Who is he/she?	Some facts in the story
John			
Anne			
Ginger			
Jerry			
York			
Reuben			

通过这个任务的设计,学生在提取信息的同时顺带分析了小说中主要人物的形象特点和人物所处的环境背景,使得主人公"黑骏马"和他的主人、朋友、醉汉、马车车夫等人物的形象刻画跃然纸上,进而有助于学生充分体会性格温驯的"黑骏马"尝尽人间甜酸苦辣的故事情节,品味一匹马的内心世界。

4. 读后提问——回归现实

当学生对《黑骏马》(Black Beauty)小说内容有了一定了解之后,教师设计如下三个问题:

What is your favourite part of the story? Why?

How should we treat animals?

Do animals understand human nature?

这些话题与学生的现实生活相关,他们可以根据自己的知识经验,各抒己见、畅所欲言,这样才能激发学生主动分享自己的阅读感悟,吐露心声,让学生从《黑骏马》(Black Beauty)的阅读中回归现实世界,发掘故事要凸显的现实意义,实现文字阅读与文学、文化的无缝对接。正如这句话说的"文本的意义不是隐藏在文本之中的,而是存在于读者心中。一个人在阅读文本时,带入文本的东西比自己在文本中发现的东西更为重要"。

三、初中英语名著整本书阅读教学设计策略

(一)优化语言学习环境

英语名著阅读教学设计工作在开展时,为了进一步提高阅读教学设计整体质量,需要教师优化语言学习环境,具体可以通过以下几个方面来了解:

第一,教师可以先明确英语名著阅读教学标准,之后结合学生的英语阅读课程学习情况进行学习环境设计。例如:教师可以先确定名著阅读教学课时,之后再进行名著阅读资料查找,在为学生讲解名著时,先为学生展示相关名著资料,之后进行名著阅读课程内容讲解,保障学生能够在良好的课堂环境下积极学习,逐渐养成良好的名著阅读学习意识。

第二,教师在优化语言学习环境时,为了提升优化高效性,可以在一段教学工作结束后进行教师教学成果调查,及时发现现阶段教学工作中

的不足,并进行教学模式调整,保障这一阅读教学工作具有完整性与高效性,能够为后续的阅读教学设计奠定良好基础。

(二)融入多媒体技术

在开展英语名著阅读教学设计工作时,教师可以将信息技术融入课堂教学当中。

第一,随着信息技术的不断发展,多媒体技术已经逐渐融入人们的生活、工作当中,为人们带来一定的便利,为了提高初中英语名著阅读的课堂教学整体性,教师可以在备课时利用多媒体技术查找相关资料,之后制作完整的教学课件。在授课的过程中,先为学生展示这部分内容,保障学生能够在不断的课堂学习中对名著内容有更加深入的理解,并且在这样的教学氛围下,学生能够积极主动地参与到课堂学习当中。

第二,教师在应用多媒体技术时,为了提高教学设计高效性,教师可以共同进行资料查找、制作多媒体课件。例如,初中管理人员可以组织开展英语教师会议、教师共同进行多媒体资料查找、共同探究英语名著阅读教学形式,讨论多媒体技术应用到教学方法中的策略,保障这一教学工作具有完整性,使学生在学习的过程中能够对名著内容有更深入的了解。

(三)设计课堂教学环境

为了进一步提高英语名著阅读教学设计整体质量,可以进行教学环境设计,具体可以通过以下几个方面来了解。

第一,教师在调整课堂教学环境时,管理人员可以组织教师开展听课活动,英语教师可以深入到不同班级的名著阅读课堂当中,记录这一课堂教学中的优点与不足,在教学工作结束后与这一教师沟通,引导教师了解自身教学现状,保障英语名著阅读教师更加重视阅读教学工作。

第二,教师在优化课堂教学环境时,为了提高阅读课堂教学整体性,可以构建良好的课堂教学氛围,通过装饰、图片、音频、视频的展示构建良好的阅读教学环境,保障学生都能够积极主动地参与到课堂学习当中,提高学生的课堂参与积极性。

四、初中英语名著整本书阅读实施策略

(一)内容重构策略

经典名著一般篇幅长,信息量大,同一人物和事件常常间隔出现,环境描写通常分散在不同章节,阅读过程中不容易形成完整的印象。解决这个问题,可以运用"内容重构"这个阅读策略,即在通读全书后回顾梳理,摘取某个人物或者事件的关键信息,将相关信息组织在一起,相对完整地呈现人物形象,勾勒事件发展的脉络,全面了解环境描写的特点。系统论的核心观点是整体大于局部之和,而重构的内容即为学生自主建构的整体,整体的存在意义大于局部相加。内容重构策略的作用主要包括全面勾勒人物形象、完整呈现事件过程、集中讨论环境描写三个方面。[1]

1. 全面勾勒人物形象

在通读全书的基础上,学生可以就某个人物跳读,标记出与之相关的内容,全面筛选、统整与这个人物相关的信息,使之成为一个新的整体。在这个重构的整体中,人物形象发展变化的脉络、发展过程中的重要节点及其突出的形象特征得以在全书中跳脱出来。

2. 完整呈现事件过程

内容重构策略有助于整体把握事件始末,呈现事件发展的不同阶段,以及不同时间、空间变化隐含的特殊意味,进而洞悉作者的创作意图。例如,阅读《夏洛的网》(Charlotte's Web),希望了解小猪威尔伯被救助的过程,需要先梳理出事件的关键节点:出生、谷仓生活、圣诞节、集市比赛。在此基础上筛选出关键人物:弗恩、朱克曼一家、老羊、夏洛、坦普尔顿。然后联系整本书的内容展开讨论:出生时,弗恩据理力争,让威尔伯得到了生存的机会;长大后,朱克曼一家出钱购买,让威尔伯有了继续生存的可能;圣诞节前,老羊提醒,让威尔伯认识到危机并努力寻求帮助;夏洛奋力织出了四张网,造就了威尔伯的奇迹;坦普尔顿在关键时刻带回了字纸,给夏洛提供织网的内容,在更为关键的时刻咬了威尔伯的尾巴,让它能够清醒地完成比赛。这些角色在威尔伯保命的过程中都起到

---

[1] 叶萍.让整本书阅读成为学生的阅读常态——论英语名著阅读教学为例[J].新作文(教育教学研究),2021(9):226.

了重要作用,梳理事件节点、筛选关键人物可以帮助学生抽取整本书内容的筋骨,获得完整而清晰的认识。再深入一步,教师可以建议学生将夏洛织的四张网重构为一个整体,四张网上分别织着"王牌猪""了不起""光彩照人"和"谦卑",每个词都传递着夏洛对威尔伯的期待,威尔伯也在努力实现着夏洛的愿望,四个词语构成的整体潜藏着作者的观念——当你已经成为王牌,被人认为了不起,确实能够光彩照人地出现在世人面前时,请你保持谦卑,让外在的美好变为内在的美德。

上述两个阅读目的都可以在内容重构策略的支持下达成,教师需要设计个性化的阅读活动达成阅读目标,例如,画一张威尔伯的"人生"曲线图,借此引领学生关注威尔伯"人生"的重要节点;绘制威尔伯的"人际关系网",在人物关系的分类中看到威尔伯身边不同类型的帮助者;用关键词连缀法将四张网上的词语连成一个完整的句子,体会作者的意图;等等。

3. 集中讨论环境描写

小说中的环境有多种作用,如可以确定情感基调、能够营造情感氛围、可以体现不同地域的自然与人文风貌、能够与情节形成呼应等。学生阅读小说常常"跳过"环境描写而"追踪"情节,这样的阅读行为容易导致"浅阅读",导致"碎片化"的阅读,学生无法建立内容关联,难以获得更为深刻的阅读思考。内容重构的对象还可以是小说中的环境,借助重构,将小说中的环境描写集中起来,在重构的信息中产生新的阅读发现,生发新的阅读思考。

《绿山墙的安妮》(Anne Of Green Gables)中有许多大段的景物描写,例如,透过安妮的眼睛,爱德华王子岛上的阿丰利极大地满足了读者的田园梦与童话梦,整部小说像一幅自然风光长卷,卷起又打开,带给人无限遐想。从小说自然意象和人物形象的关系来看,《绿山墙的安妮》(Anne Of Green Gables)中最特别的意象是树林,比如第十五章《小学校里的大风波》描写了被安妮命名为"白桦小道"的树林。

It was. Other people besides Anne thought so when they stumbled on it. It was a little narrow, twisting path, winding down over a long hill straight through Mr. Bell's woods, where the light came down sifted through so many emerald screens that it was as flawless as the heart of a diamond. It was fringed in all its length with slim young birches, white stemmed and lissom boughed; ferns and starflower and wild lilies-of-the-valley and scarlet tufts of pigeon berries grew thickly along it; and always there was a delightful spiciness in the air and music of bird calls and the murmur and laugh of wood winds in the trees overhead. Now and then you might see a rabbit skipping across the road if you were quiet—which, with Anne and Diana, happened about once in a blue moon. Down in the valley the path came out to the main road and then it was just up the spruce hill to the school.

（译文：那地方确实美。除了安妮，别人深一脚、浅一脚地走在上面，也会这么想的。这是一条窄窄的小路，弯弯曲曲，蜿蜒爬上一座长长的山冈，笔直穿过贝尔先生的林子。林子里光线穿过众多的绿宝石般的屏障，洒落下来，像宝石，晶莹无瑕。小路两旁全是修长的幼小白桦，亭亭玉立，枝干白净，摇曳生姿。路面上蕨类植物、七瓣莲、野山百合和一丛丛血红的浆果密密麻麻，此生彼长，空气中弥漫着沁人心脾的芬芳、鸟儿悦耳的歌声。树梢上轻风过处，传来树木的欢声笑语。要是你悄悄地走，还能不时见到野兔蹿过小路——安妮和黛安娜有一次就遇到过这样千载难逢的大好机会。出了山谷，就到了大道，然后又上了长满云杉的山冈，直达学校。）

整理并统观整部小说中对树林的描写，其作用可以分为三种：其一，为安妮提供了放飞自我的空间，让安妮有属于自己的心理重建场所；其二，有象征意味，象征着安妮与其他阿丰利人不同的生活方式；其三，让安妮奇异的想象有了附着的对象和载体。

《绿山墙的安妮》（Anne Of Green Gables）中的景物描写还适合作为景物描写的"例文"，用来讲授观察、描写景物的相关知识。上文引用的文段关注到了小路、山冈、白桦树、浆果的形状，写到了鸟儿悦耳的歌声、树木的欢声笑语、野兔蹿过的声音、安妮和黛安娜一路的交谈和开心的笑声。还写到了树林、清晨的光线、白桦树、浆果的颜色，色彩的组合充满美感，绿色的青翠、宝石的晶莹、枝干的白净和浆果的血红，共同构成了斑斓炫彩的画面；"空气中弥漫着沁人心脾的芬芳"既是写气味又传递了心情。整个文段从形、声、色、味、觉多个角度描写安妮眼中的树林。重构整本书中的景物描写，除了可以引领学生感受自然意象与人物形象的关系,还可以启发学生跟着蒙哥马利学习景物描写。

阅读《老人与海》(*The Old Man and the Sea*),摘抄全书中描写大海的片段,整理后可将描写内容大致分为三类:奇异的色彩,丰富的画面,动听的声响。联系小说开头部分对大海的描述"大海很仁慈,也很漂亮。但是大海也可能很残暴,而且突如其来……他常常把大海想成 La mar,那是人们喜爱大海时用的西班牙语称呼。有时候,喜爱大海的人也说些大海的坏话,不过往往是把它当作女人来说的……不过老人总是把大海想象成女人,某种施与恩惠,或者不给恩惠的事物。大海要是做出什么狂暴或者可恶的事情,那也是出于无奈的。他想,月亮影响着大海,就像影响着女人一样",借助重构的内容,学生不难看到大海在老人那里不是波涛汹涌的征服对象,而是像老朋友一样,是他熟悉的生存环境,也是他喜爱的工作场所。综上所述,内容重构策略的操作办法可概括为通读全书,提取相关信息,按照新的形式重新组合并呈现,以建构客观完整的认识,为深入研读、探究奠定基础。

(二)捕捉闪回策略

创作长篇作品,作者通常会设置一个重复出现的场景、人物、画面,或者动作、语言,甚至"道具",帮助读者借助重复形成勾连,强化印象,领受作者的思想情感。作为读者,通过捕捉闪回可以更好地理解作者的创作意图,实现与作品的深度交流,与作者的深度对话。运用捕捉闪回的策略,需要自觉关注重复出现的语言、动作和场景。

1. 重复出现的语言

《老人与海》(*The Old Man and the Sea*)以客观、简洁、朴实而著称,海明威追求"电报式语言",在这样的作品中倘若出现重复语句,一定暗示着作者的特殊用意。关注到这些文字,就获得了破译作者思想的密码,能够更深一层地走进作品。圣地亚哥独自出海后,"如果那男孩在这里"在一段文字中出现了三次,闪回的文字暴露了老人的心理:他期待马诺林跟他一起出海,一起搏斗,跟他一起忍受挫折、灾难,一起分享成功的快乐与喜悦;他自恃刚强,但内心深处依然渴望有人相伴。闪回的语言展示了圣地亚哥真实的内心世界,表现了他情感的迫切与热烈。在与大鱼和鲨鱼搏斗的过程中,圣地亚哥一次又一次对自己说"你一定要保持头脑清醒",第一次出现这句话,我们看到他性格中的坚硬;第二次出现这句话,我们能够感受到他情绪的波动;第三次出现这句话,我们看到了他危险的境地和内心的挣扎。即便如此,圣地亚哥依然反复叮嘱自己:"脑袋,要清醒!""硬汉"形象就在圣地亚哥对自己的反复叮咛中逐渐站立起来。这两处闪回的语言充分体现了圣地亚哥的鲜明个性和真实人性,读者看到的不是被神化了的硬汉,而是真实可感的形象。

《追风筝的人》(The Kite Runner)的主要人物是阿米尔和哈桑,主人公阿米尔跟仆人哈桑共同生活在阿米尔父亲的庄园,哈桑的另一个身份是阿米尔父亲的私生子。按照当地的风俗,在节日里要放风筝,能够追到飞得最远的风筝的人获得奖励。每年都是哈桑赤着脚追到那只风筝,拿给阿米尔领奖,哈桑非常乐意为阿米尔追风筝,愿意为阿米尔做任何事,他诚挚地向阿米尔表达"为你千千万万遍"。"为你千千万万遍"这句话在整部小说中一共出现了6次,前4次是哈桑说给阿米尔,他替阿米尔承受侮辱,替阿米尔承认错误,替阿米尔承担责任……但因为无法忍受父亲对哈桑的青睐,阿米尔设计让哈桑父子离开了他们,他也离开阿富汗,和父亲去了美国。在美国生活多年后,阿米尔得知哈桑的儿子索拉博被恐怖分子控制,毅然回到阿富汗,吃尽苦头救出了索拉博,带索拉博到美国疗伤并一起生活,他做这一切的时候心里默默地念着"为你千千万万遍"。如果只看到了前4处"为你千千万万遍",可能会把这部作品解读成"友谊",看到后面两处,就能够更深刻地认识作品的主题——人性的自我反省与救赎。"为你千千万万遍"像主旋律,回荡在整部作品中,启发读者探究作者的意图,探索作品的主旨。人物语言作为一种显性重复的信息,在阅读中一定要给予充分的重视。

言为心声,语言是塑造人物的重要手段,重复出现的语言具有强化人物性格特征、凸显人物思想、展现人物内心世界的重要作用,在阅读理解中的重要性不言而喻。

2. 重复出现的场景

小说中的场景往往潜藏着作者的独特用意,重复出现的场景,其用意指向更为显著,需要在阅读过程中给予重视。

"捕捉闪回"需要学生对重复出现的场景、人物、语言保持敏感,使之成为自觉的意识,建议教师经常提醒学生边阅读边标记。阅读《夏洛的网》(Charlotte's Web),读到作者第二次描写小猪威尔伯的哭,就可以先停下来,回顾前文,在第一次描写威尔伯哭的文字处做标记。这样作者第三次描写威尔伯的哭就会自然引起注意,一路标记下去,会发现整本书中小猪威尔伯一共哭了10次。作者用不同阶段的哭刻画了威尔伯的成长之路,它从一头任性号哭的小乳猪,长成了默默饮泣的成年猪。这样的阅读过程能够帮助学生运用捕捉闪回的策略更好地走进文本,理解作品,理解作者。

(三)对照阅读策略

"对照阅读"需要对比,还需要在对比的基础上深入思考探究,即在阅读中自觉地将具有一定关联的人物、事物对比参照,区分细微差别,探究差别产生的本质原因。"对照阅读"有助于在阅读过程中前勾后连,在人物和事物的不同侧面、不同发展阶段之间建立起联系,生成更为丰富、完整、深刻的认识。在具体操作上,对照阅读有三个逐步深入的层次。

1. 立足一点展开,形成完整认识

在整本书阅读中,整体梳理是阅读的主体内容,局部精读的目的在于增加整体梳理的深度,即重点关注那些能够带动整体理解的局部。选择的局部应该具有代表性,或能够揭示人物的典型特点,或能够表现情节的重要节点,或体现环境的突出特点,以这个局部贯串起全书内容的梳理,帮助学生形成更为深刻的理解。

小说中的人物形象常常由若干个关联点串联成完整的形象,在阅读发现了"一个点",要有意识地去寻找"更多点",由点到线,以期对人物特点形成完整的认识。

2. 选择对比角度,理解形象内涵

整本书人物形象众多,其中有些形象可以对照比较,在丰富阅读发现的同时产生更深刻的阅读思考,探究形象包蕴的文化内涵。在阅读过程中选择对比参照的视角,沿着这个视角拓展深入,借助不同角度的对照,借助不断丰富的阅读发现,增加阅读的深度,提升阅读的质量。

3. 对照同类形象,探究文化背景

对照还可以由一部作品延伸至多部作品,整合多部作品,选择同类形象进行比较,经由文学解读进入对文化的思考。

教师要经常提醒学生对作品中的人和事保持敏感,选择对照的内容,深入思考,记录每一次对照的角度和收获,从偶然的发现走向自觉的探索,在新的发现、新的领悟中获得阅读的成就感,使用合理的阅读策略,在阅读发现和阅读成果之间形成良好的循环。

(四)跨界阅读策略

经典名著常常被改编成多种艺术形式。跨界阅读,顾名思义,就是跨越不同艺术门类边界的阅读,是突破学科边界、纸质媒介进行的综合阅读。有些名著的阅读需要打开学科的界限,综合利用历史、地理、政治等学科的知识获得更深刻的理解;有些名著需要打开不同艺术形式的边界,借助戏剧、电影、评书、连环画等表现形式,通过对比细节发现差异。跨界阅读能够帮助读者体会不同的艺术形式在表现人物、设置情节方面的特点,立体化地品评人物,加深对原著的理解,有助于客观地、多角度地评价分析原著。跨界阅读的"界"有两重含义:学科的边界和艺术形式的边界。

1.跨越学科的边界

阅读科幻小说,如果能够从科学和文学两个角度展开讨论,可以获得更多的启发,科幻小说逻辑自洽、科学元素和人文思考的结合对学生思维能力的发展、思维品质的提升具有不可估量的价值。跨越学科的阅读能够丰富我们的文学想象和科学想象,提升我们的科学精神和人文修养。

2.跨越艺术形式的边界

不同的艺术形式采用的话语方式有很大差异。与文学语言相对的视听语言,是跨界阅读需要关注的语言形式之一。"视听语言是一种用声、光、色、影来共同表现的独特的艺术语言,主要包括画面和声音两大部分。画面也称为'镜头语言',镜头语言是综合运用构图、色彩、光线、影调等要素来交代环境、塑造人物形象、表达影片的主题思想。声音则包括人物语言(同期声、对白、解说)、音响(自然声、效果声、拟音)和音乐(主题音乐、背景音乐)3种类型,在影视片中起到渲染情绪、烘托气氛、升华主题的作用。画面和声音共同营造了影视片的声画艺术世界,让观众在观影过程中产生身临其境、妙不可言的感受和快乐。"与文学语言相比,视听语言的特点主要表现为直观性和确切性,文学语言需要借助文字想象现实的画面,在视听语言中变得一目了然,"一千个读者有一千个哈姆雷特",在视听语言表现为共同看见的那一个。从文学语言到视听语言再到其他艺术形式采用的话语方式,学生行走在不同的艺术形式中,可以获得比单纯阅读文本更为多元的感受与认识。

时至今日,根据《老人与海》(The Old Man and the Sea)拍摄的电影已有三部:1958年10月7日在美国上映,由彼得·维尔德编剧,约翰·斯特奇斯、弗雷德·金尼曼、亨利·金执导,且这部电影获得1959年的奥斯卡最佳配乐奖、最佳男主角和最佳摄影提名奖;1990年英国版《老人与海》(The Old Man and the Sea)上映,由著名演员安东尼·奎恩饰演圣地亚哥;1999年,俄罗斯、加拿大、日本合拍了片长20分钟的动画版《老人与海》(The Old Man and the Sea),该片2000年获得第72届奥斯卡最佳动画短片奖、第53届英国电影和电视艺术学院奖的最佳动画短片提名奖。三部影片在色彩的运用上差异非常大,美国电影中充满浓烈的火红色调,英国电影弥漫着黯淡的昏黄,动画短片采用浓墨重彩的蓝色来凸显天空和大海的纯净,整部电影呈现出温暖的感觉。三部影片中的圣地亚哥形象差异也非常大,对照影片和原著,哪一部电影更符合学生心目中的《老人与海》(The Old Man and the Sea)?梳理三部电影场景和人物形象的差异,回顾原文,是否会产生更多的思考和感悟?但值得关注的是,动画短片与一般意义上的电影在表现形式上又有所创新,"动画短片为了适应快节奏、快生活和碎片化时间,为了在短时间内准确地表情达意,就需要用精简的镜头快速带入主题,快速吸引观众眼球,快速让情节出乎意料,让声音吸引注意力。精练的叙事镜头让整个剧情紧凑;运用恰当的声音让艺术感染力更强。每个镜头里富有生命力的人物表演,有趣而令人激动的故事,独特的声音效果,都能快速抓住观众的眼睛和耳朵"。动画短片运用视听语言的独特性可以转化为三部影片的对比点,进而成为学生生发阅读感受的切入点。

必须说明的是,跨界阅读的基础是阅读原著,最好先熟悉原典,再关注其他的艺术形式。跨界的目的是对比,对比的目的是产生新的阅读发现,形成新的阅读感悟,对文字铸就的文学大厦产生更为真切的感受,不管跨越到哪些学科和艺术形式,最终还要回到文学作品本身的阅读。使用跨界阅读策略,教师可以设计表格,提示学生记录不同学科视角下的阅读发现,记录不同艺术形式在内容选择和呈现方式上的差异,以此为基础展开深入的分析讨论。

(五)经典重读策略

意大利学者卡尔维诺将经典定义为:那些你经常听人家说"我正在重读……"而不是"我正在……的书","重读都好像初读那样带来发现的书""它们带着以前的解释的气息走向我们,背后拖着它们经过文化或多种文化时留下的足迹"。① 学生阅读的整本书大多是经典著作,教师不仅要引领学生读完整本书,而且要引导他们养成重读的习惯,让学生在阅读过程中找到能够陪伴自己终生的书,常读常新,在不同年龄获得不同的滋养。

阅读策略有很多种,建议教师先熟悉了解相关策略,在自己的阅读过程中尝试应用,以求为学生提供真实的帮助。阅读指导不仅仅是英语教师的事情,所有学科的教师都应该担负起阅读指导的责任,让阅读活动成为校园生活的重要组成部分,在日常的阅读活动中融入阅读策略的应用,共同努力帮助学生尽早养成良好的阅读习惯。

指导学生阅读,并非就要强迫学生按照被指导的方式做。学生是读者,兼有学习者和读者的权利。法国作家丹尼尔·佩纳克列出了"读者的权利"清单,其中包括:不读书的权利;跳页读的权利;不读完整本书的权利;反复阅读的权利;什么都可以读的权利;沉入书中想入非非的权利;在什么地方都可以读的权利;粗略翻阅的权利;大声朗读的权利;不必为自己的品位辩护的权利。我们要处理好学生自然阅读和教师指导的关系,充分尊重学生作为读者的权利,在学生需要帮助的时候提供真实的帮助,在学生寻求指导的时候提供有效的指导。

第二节 初中英语名著教学设计——以 《绿野仙踪》(*The Wizard of Oz*)为例

英文名著凭借地道的语言使用、真实的文化意蕴和经典的思想主旨,

---

① [意大利]卡尔维诺.为什么读经典[M].黄灿然,李桂蜜,译.南京:译林出版社,2012.

成为开展英语课外阅读的重要载体。英文名著的整本书阅读有利于拓展学生的阅读视野,建构整本书的阅读经验,培养学生良好的阅读方法和阅读习惯,丰富英语学习途径,提升学生的英语阅读能力。

整本书阅读呈现篇幅长、内容多、耗时久等特点。为确保阅读效果,书目的选取要符合学生的年龄特点和兴趣爱好,并与其英语水平相适应。对初中生而言,整本书阅读最好选择简写版的经典名著。此类书籍阅读难度低,但故事情节完整、语言地道,既可让学生体味英文之美,又可使学生拓宽视野、丰富认知。笔者选择了译林出版社"津津有味•读经典"系列丛书中的《绿野仙踪》(*The Wizard of Oz*)作为八年级学生整本书阅读书目,旨在探索整本书阅读的教学途径,帮助学生丰富阅读体验,提高英语阅读能力,发展核心素养。《绿野仙踪》(*The Wizard of Oz*)讲述了小姑娘多萝西在伙伴们的陪伴下历经艰险返回家乡的故事。

一、导读激趣,激发阅读动机

"导读是开展英语名著整本书阅读的首要环节,目的在于有效地激发学生的阅读动机。"[1]导读课的主要目的是引导学生对阅读书目产生阅读兴趣和阅读动力,降低阅读的焦虑感,从而保证阅读活动的顺利进行。在导读课前,教师需立足学情,预判学生对阅读作品的兴趣点,设计一系列感知活动,激发学生的阅读欲望,为整本书阅读奠定兴趣和情感基础。

(一)看读结合,感知故事内容

在导读环节,教师应充分利用名著读本的封面、图片等非语言信息鼓励学生对故事进行大胆预测,不仅可以灵活培养学生"看"(Viewing)的技能,而且能有效激发学生的阅读兴趣。在导读课中,教师可首先引导学生浏览名著的封面和封底,通过封面插图感知故事主要人物,预测情节片段;通过分析名著标题,探寻标题背后的含义;通过读封底说明,了解名著特色和阅读难度,减轻阅读焦虑。接着,教师引导学生阅读名著目录,围绕各章节标题,提出问题,设置悬念,鼓励学生交流谈论,感知故事主线,预测主要情节。随后,教师给予学生充足的时间浏览故事插图,鼓励学生选出自己感兴趣的插图并说明理由。浏览插图是最简单、最直接

---

[1] 周雪晴.英语名著"整本书阅读"的四步骤教学策略——以 The Railway Children 为例[J].江苏教育,2019(75):11-14.

的兴趣激发手段,插图能有效激发学生的探索欲和求知欲。

例如,教师首先呈现名著封面,并提出问题:What can you see from the cover? Who may be the main characters? Can you guess what happens to them? 接着,教师让学生浏览目录部分,鼓励学生分组预测并讨论故事情节。此外,教师还引导学生关注插图,并提出以下问题:What is your favourite picture? What can you see in it? What happens to the characters then? Why do you like this picture? 鼓励学生就其喜欢的插图进行交流与分享。

在看读结合、感知内容的过程中,教师不应过多讲解或过早抖包袱,其主要目的是引发悬念,让学生欲罢不能。此外,学生在导读课上投入的关注越多、交流谈论得越热烈,课后的阅读欲望就会越强烈。因此,教师需充分调动学生的课堂参与积极性,为课后自主阅读奠定情感基础。

(二)了解背景,拉近阅读距离

文学作品是作者反映社会生活、抒发内心情感的途径,作品的内容和主题与作者的生活经历、思想感情紧密相连。了解作者及作品的创作背景有利于学生品味精妙的语言,领悟作者的情感,恰当地评判主旨。在导读课中,教师应适当介绍作者的生平信息和生活经历,交代作品的创作背景,拉近学生与作者及作品间的距离。

例如,学生对作者 Baum 并不熟悉,教师呈现 Baum 的简介和作品的创作背景,帮助学生获知如下信息:Baum is a famous American children's writer. He created many amazing adventure stories for children. If "The Wizard of Oz" tells us how a child got to know the world and got along with people, and it also shows American values and attitudes, such as teamwork and the spirit of adventure.

(三)节选试读,唤起阅读渴望

节选试读是推进整本书阅读必不可少的环节。它为学生的深度阅读提供了有效切入口。通过节选试读,学生不仅可以领略和积累书中生动、丰富、优美、地道的语言表达,而且可以体味人物的情感和性格特征,获得良好的阅读体验,减轻英文阅读的焦虑和畏难情绪。教师可从语言运用、人物刻画、情节发展等方面着手,选择精彩片段,引导学生试读文本内容。

1. 语言运用

小说语言生动形象,寓意深刻。小说中地道的语言是学生学习英语语言知识的重要语料。教师在选择阅读片段时可侧重于语言运用,引导学生关注小说的语言特色(如简洁、质朴)、语体色彩(如口头语体、书面语体)和修辞手法(如比喻、拟人、夸张)等,使学生适应语言难度,去体味名著用词的精妙,消除阅读焦虑。

2. 人物形象

教师还可以选取人物的外貌、动作、语言、神态和心理等描写作为阅读片段,引导学生分析人物性格,体会人物情感变化,建构人物形象,进而拉近学生与人物之间的距离,激发学生的阅读热情。

3. 重要情节

故事情节主要包括开端、发展、高潮和结局。在故事发展的过程中,会有许多矛盾冲突,教师可选取重要情节,让学生在片段阅读中感受紧张的情节变化,使其对后续情节充满好奇和渴望。

例如,教师选取多萝西、稻草人和铁皮樵夫初次遇见狮子的情景作为阅读片段。此部分以人物对话为主,语言简洁,情节紧凑,教师可提出以下问题:How does Dorothy feel when she entered the dark forest? What does Dorothy do when the lion wants to bite the little dog? What kind of person do you think Dorothy is? 引导学生关注多萝西善良勇敢的人物形象,为人物分析做好铺垫。

二、自读辅助,加强阅读效果

开展整本书阅读的关键在于学生积极主动的阅读和形式多样的读后积累。为保证自主阅读的顺利进行,教师可为学生提供阅读指导,如规划每日的阅读时间和阅读进度、教授常用的阅读方法、布置阅读任务清单等,促使学生养成良好的阅读习惯,获得独特的阅读体验。

(一)规划阅读进度

整本书阅读主要利用课余时间完成,所以实施过程中最大的问题是如何保障学生的阅读时间和阅读质量。考虑学生的课余时间和英语水平,经与学生讨论,决定用时16天完成整本书阅读。《绿野仙踪》(*The Wizard of Oz*)全书共有8个章节,每个章节有6—8页的阅读量,学生每天需完成3—4页约400词的阅读。这样,学生有充足的时间体味语言之美,熟知故事情节,并进行个性化的阅读积累。此外,也避免了因阅读时间少、阅读量大、任务多等原因造成的弃读现象。

(二)教授阅读策略

1. 精读与略读并举

整本书阅读可根据故事情节和阅读偏好采用精读与略读相结合的方式。对于那些能够引发广泛联想、唤醒细腻感受和加深主旨理解的语句,建议精读;反之,一些细枝末节、无关紧要的话语可以略过,以提高阅读效率。

2. 合理处理生词

学生在阅读过程中会遇见许多生词,教师应指导学生学会扫清生词障碍。对于严重影响上下文理解的生词,学生可以查词典或翻阅书后词汇表;对于可从上下文语境中猜测出词义的生词,鼓励学生大胆猜测;对行文理解影响较小的生词,学生可以忽略。总之,阅读进程不应因生词障碍而打断,详尽的单词学习可在二次阅读中进行。

3. 巧做阅读批注

批注式阅读有助于学生养成良好的阅读习惯,形成较强的读写能力。教师应引导学生在阅读过程中对文本进行适时的圈点,并把阅读时的感受、困惑、质疑或心得注释于文字旁[①],批注可以是文本赏析或个人感悟。通过阅读批注,学生获得个性化的阅读体验,促进理解能力、鉴赏能力和评价能力的全面发展。

例如,教师让学生阅读 Chapter 1 A Ride through the sky 开篇部分,鼓励学生根据上下文语境猜测新单词 cellar、cyclone 的词义;边读边圈画环境描写的语句,并思考以下问题:Life is very hard on the farm. Why does Dorothy still want to return to the farm? 引导学生分享见解。

---

①周雪晴.英语名著"整本书阅读"的四步骤教学策略——以 The Railway Children 为例[J].江苏教育,2019,(第75期):11—14.

(三) 设置阅读任务

阅读过程中的各类阅读任务有利于学生加深文本理解,推动阅读进程,加强阅读效果。为激发学生不同深度的思维活动,教师可逐次设计低阶阅读任务和高阶阅读任务。

低阶阅读任务旨在帮助学生完成对故事的初步感知,对文本进行浅层次的语言赏析并解决简单问题。本书每个章节都有 Preview Questions 和 Review Questions。教师鼓励学生思考并回答这些问题,并完成各章节的基础性理解。此外,书后配有评价手册,根据章节内容设计了不同形式的阅读理解类题目,如判断句子正误、阅读选择、单词填空、句子排序等,教师可要求学生在章节阅读结束后完成对应的阅读任务。另外,教师也可布置语言赏析类任务,如整理好词、摘抄好句等。

高阶阅读任务旨在提高学生的思维品质,要求学生深入思考文本,充分开展分析、比较、概括、总结、归纳等思维活动,如绘制情节发展图、人物关系图及撰写阶段阅读报告等。教师应根据学生的英语水平,合理布置阅读任务,使学生在阅读过程中提升思维水平。

例如,教师要求学生撰写80词左右的章节阅读报告,内容包括章节主要内容、感兴趣的人物或情节、阅读感想或困惑等。此外,学生还需完成各章人物或情节导图。

三、深度交流,挖掘阅读深度

学生受英语语言能力的影响,同时由于生活体验相对单纯和文学鉴赏功底不足,对作品的理解难免简单、模糊,需要教师的启发和引导。因此,完成整本书阅读后开展深度交流十分必要。教师可从故事情节、人物形象、环境背景、小说主题、阅读困惑等角度入手,帮助学生深化故事理解,提高思维能力。

(一) 梳理故事情节,明晰主线

梳理故事情节、回顾章节大意是分析人物形象、升华故事主题的基础。教师可采用多种方式帮助学生回顾故事梗概,如利用情节发展图、关键情节排序、章节关键插图排序和问题链等方式,使学生在任务驱动下明确情节发展脉络,明晰故事主线。

例如,教师采用问题链形式,设计 what、why、where、who、how 等引出的问题,如:Where does the story happen? What does Dorothy want to do in the story? Why does Dorothy leave her home? Who does she meet on her way? What problems do they meet? What is the end of the story? 以此引导学生梳理故事的起因、经过和结果。

(二)剖析人物形象,体味情感

分析人物形象是读懂小说的关键。小说主要通过鲜明而独特的人物形象打动读者、感染读者。教师应积极引导学生关注人物的外貌、语言、动作、心理等描写,通过完成人物简介、圈画关键句等活动,剖析人物特征,体味人物情感。例如,分析多萝西人物形象时,学生整理出下表所示内容:

表4-2 多萝西人物形象分析

	Looks	Qualities	Reasons
Dorothy	1. not often laugh; 2. a blue—and—white dress; 3. a golden cap with jewels; 4. a kiss of the Good Witch on her forehead.	kind	help the Scarecrow, the Tin Woodman and the Lion(Chapters 2—3)
		brave	fight against Wicked Witch (Chapter 6)
		not afraid of difficulties	"...the road is long and dangerous." "I have to see the Wizard of Oz" (P10)
		lucky	got the silver shoes (P6), the kiss of the Good Witch (P39), and the golden cap (P44)

此外,教师也可提出开放性问题,鼓励学生独立思考人物特点,分享阅读感受。例如,教师可提问:There are many characters in the story. Who do you like best? Why do you like him or her? 教师也可就某一人物提问:What do you think of Dorothy? Can you find any sentences in the book to prove your ideas?

(三)关注环境描写,了解深意

环境是烘托人物形象、展示事件发生背景的要素。社会环境是事件发生和人物活动的社会条件,是人物性格形成和发展的土壤。自然环境描写可以渲染故事氛围、烘托人物形象,给读者带来身临其境之感。教师可以通过圈画环境描写语句、匹配语句描写与图片等活动,引导学生关注环境描写,并思考其作用。

例如,在 Chapter 1 中,作者分别对 farm in Kansas 和 land of Oz 的自然环境进行了描写,并使两者形成了鲜明的对比。教师请学生大声朗读这两部分环境描写的语句,并提问:What do you learn about the two places? Why does Dorothy want to return to the poor farm instead of staying in the beautiful land of Oz? What is the function of environmental description?

(四)领悟小说主题,升华感悟

小说阅读的重要意图是通过小说所蕴含的积极向上的主题,促进学生对自然和社会的思考,实现学科育人的课程目标。探究主旨内涵可以升华阅读带来的思考和启迪,加深学生的情感认知,丰富他们的人生体验,实现育人目标。教师可设计开放性问题,引导学生思考故事主旨,从读故事上升到悟道理,内化阅读收获,同时结合自身实际,迁移并升华阅读感悟。例如,教师提问:What does the author want to tell us with the story of Dorothy? What do you learn from the story? 当学生发表观点后,教师追问:Will it help you in your real life? And how will it help you?

(五)解决阅读困惑,发展思维

培养学生发现问题、提出问题、解决问题的意识和能力也是深度交流的重点。教师应鼓励学生在阅读过程中积极思考,质疑,并通过与同伴、教师的讨论交流释疑解惑。此过程也有助于提升学生思维的逻辑性和批判性,提高学生的思维能力,发展学生的思维品质。

例如,学生在讨论与交流中提出了以下问题:Why don't Dorothy and her uncle's family leave the farm since life is very hard there? Why is the Scarecrow who has no brains able to find ways to protect everyone from the bees? Why does the Lion refuse to put the coach for the Wicked Witch of the West? Isn't he afraid of her?

四、展读创新,呈现阅读成果

展示阅读成果是帮助学生再现阅读过程、增强阅读效果、培养良好阅

初中英语整本书阅读教学策略研究

读习惯的重要方式。阅读成果可以是常规阅读积累,如整理的词汇、摘抄的佳句、对人物或情节的评注,以及认真完成的评价手册。更高层次的阅读成果包括基于故事内容的情节发展图、人物关系图、阅读反思和阅读报告以及超越文本进行迁移创新的片段表演、名著推荐海报、故事续写或再创作等。

阅读成果的内容和形式可以多种多样,展示方式也可以丰富多彩。学生可独自展示,也可小组合作;可布置阅读成果作品墙,也可创作视听作品。在名著展读过程中,教师可提供必要的建议和辅助。

例如,本书展读课以小组合作的方式进行,学生是课堂活动的主体。全班分为7组,每组5人,且组内学生的综合英语水平相近。各组通过抽签形式决定展读内容,包括新词汇总、好句摘抄、人物分析、情节发展图、阅读报告、片段表演和名著推荐海报等。每组有15分钟时间筹划准备,随后依次上台展示阅读成果。

第三节 初中英语名著整本书课外阅读的区域推进

本节初中英语名著整本书课外阅读的推进,以扬州区域为例详细阐述。

一、区域开展英语名著整本书课外阅读的必要性

(一)落实课程标准要求,实现学科育人价值

《义务教育英语课程标准(2011年版)》明确提出,七至九年级学生的课外阅读量应分别累计达到4万词以上、10万词以上、15万词以上。众多研究者均指出,中学英语教学应当践行文学阅读的价值取向,而中学生增加阅读量则主要靠文学阅读。脍炙人口的英美经典小说语言典雅,思想精辟,闪耀着文人、哲人的思想火花,用其作为阅读材料既能够促进学生语言的发展,同时也提供了教育良机,因为文学所提供的故事经验和美学体验,可以促成情感回应和情感认同,生成情感愉悦和情感共鸣。总之,英语名著整本书阅读能纯善学生的心性,提升学生的气质,默化学

生的思想,发展学生的心智,促进英语学科育人目标的实现,落实立德树人的育人任务。

(二)依托丰富语言土壤,发展学科核心素养

首先,以文学为媒介所建立起来的交知空间,接近甚至在认知的意义上超越了自然语言语境。英语名著整本书课外阅读可以增加高质量的语言输入,提升学生对语言的敏感度,培养他们对语言的良好感知。学生在大量经典文学作品的熏陶和感染下,在潜移默化中积累和建构语言架构,持续发展他们的语言能力和学习能力。其次,学生在大量阅读英语名著的过程中,需要运用综合分析、分类比较、演绎归纳、抽象概括等综合思维方法去发现新知识、认识新事物、接触新思想。整个名著阅读的过程正是学生思维发展和深化的过程。再次,通过大量而持续地阅读英语名著,学生可以体验英语国家的文化传统,理解其文化内涵,感知文化差异,从而培养学生的文化鉴别能力,树立开放包容的文化态度,发展跨文化意识及跨文化沟通能力。

二、区域推进英语名著整本书课外阅读的实践——以扬州市为例

(一)整体规划推荐书目,兼顾学生不同需求

科学选择合适的阅读材料是保证课外阅读顺利开展的关键。扬州市研制的课外阅读推荐书目分为必读和选读两部分。必读书目是经由国家级外语教育类出版社出版的英文经典小说的简易读本或分级读物,语言地道、难度适中、阶梯明显,符合青少年的心理特点,既能满足学生大量语言信息输入的需求,又能保护学生阅读的兴趣和动力。选读书目是全面体现2017年版新课标各个话题功能的当代原创小说、当代图片小说及其他类书籍,如传记、历史、科普、文化习俗等,兼顾学生不同的阅读需求。

英语名著必读书目的确定主要基于以下几个维度:

1. 趣味性

选择学生感兴趣的书目,降低学生阅读英语名著的焦虑感,从而有效保障阅读活动的顺利开展。

2. 教育性

选择主题意义积极向上，适合初中生身心发展特点和认知、思维水平的英语名著系列。

3. 层次性

教师可按照文本长度、话题深度和语言难度，整体规划课外阅读，引领学生有计划、有梯度地开展名著整本书的阅读活动。比如，围绕"成长"这一典型主题，扬州市拟定了如下英语名著必读书目。(见表4-3)它们符合不同年级学生的心理发展特点、认知需求和语言水平，构成了阶梯式整本书阅读的系列课程资源。

4. 关联性

从节选章节的课内学习到整本书的课外阅读；从作者的一篇作品到其他作品；依照单元主题，增加整本书阅读。

表4-3 "成长"主题意义下的英语名著整本书荐读书目

主题	荐读书目	年级
成长	《绿野仙踪》《彼得·潘》《柳林风声》《小王子》	七
	《汤姆·索亚历险记》《铁路少年》《绿山墙的安妮》《爱丽丝漫游仙境》《小妇人》	八
	《哈克贝利·费恩历险记》《金银岛》	九

(二)区域推进，上下联动，合力开展阅读课程

要在区域内推进英语名著整本书课外阅读，必须向当地教育行政以及教科研部门借力，从而形成上下联动的合力。[1]

以扬州市为例，近年来，扬州市教育局、市教科院先后下发了《扬州市中小学开展经典诵读活动实施意见(试行)》《关于扬州市中小学阅读工程的实施意见》《关于扬州市"五个一百工程推荐目录"及其实施建议的通知》等文件，对全市中小学生课外阅读的具体目标、基本要求、措施保障和阅读书目等均提出明确要求。

另一方面，则需要各学校成立课外阅读领导小组，督导英语名著课外

---

[1]倪俊杰.初中英语名著阅读之《黑骏马》导读策略[J].新教育,2021(10):60.

阅读课的设立和开展,并将其纳入课程教学体系,促使英语名著整本书阅读渐渐课程化。开展英语名著整本书课外阅读的教学时,教师应做到:明确教学内容,设计教学过程,实施教学评价。英语名著阅读教学应通过系统的文学阅读训练,注重培养学生利用学到的方法和思路,解读和分析新的文学作品的能力。因此,教师还应通过保证课时进行名著共读,组织学生以课外泛读和课内导读或精读的方式习得阅读策略,形成阅读习惯,提升阅读素养。此外,在开展和实施课程的过程中,教师不妨减少讲授比例,增加课内阅读时间;减少练习题量,增加课外阅读时间;减少机械训练,增加阅读思维机会。

(三)强化教研,内外互动,探索名著教学路径

1. 构建氛围

英语名著整本书阅读被纳入区域课程体系伊始,有相当多的学校存在畏难心理,尤其是农村学校,其中一线教师也非常缺乏名著课外阅读指导的策略和方法。鉴于此,笔者建议最好先进行难点突破,通过省级课题研究带动名著课外阅读,统筹构建名著课外阅读研究群,让英语名著整本书阅读氛围先热起来。

2. 搭建平台

例如,扬州市教科院与电教馆合作,利用扬州智慧教育平台,开设初中英语直播系列课程"好的英语是'读'出来的"。同时,扬州市还邀请县市区教研员和一线名师直播英语名著整本书阅读系列精品课,直播课程支持师生在线互动,更好地实现优质课程资源共享。

3. 专家引领

扬州市每年定期开展英语名著整本书阅读教学推进会,并邀请专家做专题讲座。比如,在首届英语名著整本书课外阅读研讨会上,上海对外经贸大学黄源深教授受邀观摩、点评了一节经典侦探小说"*The Hound of the Baskervilles*"的研究课,并做了题为《阅读是学好英语的重要途径》的专题讲座。会上,黄教授建议名著整本书阅读可以尝试先从侦探小说开始。侦探小说扣人心弦的情节会让学生手不释卷,决不会因为枯燥而轻言放弃。

4.提炼经验

近年来,扬州市开发了名著导读课、阅读分享课、阅读赏析课、阅读创作课等不同课型。此外,扬州市还积极地探索英语名著整本书课外阅读教学的有效途径,并不断总结教学经验。具体如下:

(1)做好调研分析,准确定位名著阅读目标

在设计名著课外阅读课程之前,认真分析学生的年龄特征、学习风格、喜欢读什么作品,现有的英语水平等,这些分析决定了后面的阅读效果和质量。基础教育阶段的名著阅读学习目标,应该将地方课程的特定目标与国家课程的一般目标相结合,指向语言学习能力的培养。名著整本书阅读的学习目标应该包括但不限于如下方面:①保持与激发学生学习英语的兴趣和热情;②提高学生的英语语言能力;③拓宽人文知识及视野,丰富自己的精神世界,培养思维品质;④初步欣赏文学作品,提升审美素养。

(2)重视阅读体验,让学生感受阅读的美好

英语名著整本书阅读教学应以学生为本,充分尊重学生阅读的主体性,因为每一个学生通过阅读,都会形成独一无二的阅读经验。教师通过引导学生细读、思考、表达,帮助学生在学习过程中感受和体验文学阅读带来的快乐。整本书阅读的体验过程,既是经历发展语言的过程,也是获得新的生命感悟的过程。

(3)关注学生差异,鼓励多版本进阶式阅读

教师应调整对学生阅读程度的期望,并推荐不同语言水平的学生阅读同一名著的不同简写本。教师要在学生通读难度较低版本之后,鼓励其逐级增加阅读版本的难度。需要指出的是,阅读是个性化的过程,对学生的阅读速度、阅读时间等只能做建议性规定,教师应适时督促、关心部分学生的阅读进度,并提供必要的帮助。

(四)多元评价,相辅相成,确保阅读落到实处

在实践研究中,我们坚持过程性评价为主、终结性评价为辅的多元评价相结合的方式。

一方面,过程性评价旨在引导学生经历真阅读、真体验的过程。过程性阅读评价活动应围绕素养目标,开展形式多样的语言学习活动。比

如,绘制人物行动地图、人物关系图、阅读笔记或摘抄交流会、阅读阶段报告、书评等。教师应根据学生的英语语言能力水平,采取差异化的阅读成果评价机制,制订评估量规,让学生的阅读成果显性化。

另一方面,扬州市将英语名著推荐必读书目纳入扬州市中考和扬州市初中学业水平质量监测之中,发挥评价的正向反拨作用,全面推进英文名著整本书阅读。在实践中,我们还应借鉴国外相对完善的分级阅读理念,构建有自身特色的科学的阅读评价体系。比如,PIRLS阅读测评("促进国际阅读素养研究"的简称)有一半的测试篇章用于评估学生阅读的文学阅读体验,重点测评的能力有寻找明显讯息、特定的意念、直接推论、综合分析及评价篇章等。

三、基于实践研究的几点思考

(一)尊重学生主体,助其从名著共读走向自主阅读

名著课外阅读教学应满足不同学生的阅读需求,从而实现自主阅读。首先,英语名著整本书阅读可由教师指定书目逐步过渡到学生自选书目。其次,打造轻松愉悦的阅读环境,顺应学生自身的阅读习惯,让学生按照自己的阅读方式自由愉悦地阅读。再次,名著整本书阅读应尊重学生的独特体验和个性化理解,但不鼓励误读文本、任意体验、随意探究。

(二)提高文学素养,做一个有协助能力的英语教师

在英语名著整本书课外阅读的开展中,教师要读英语名著原著,更要先于学生阅读多种版本的名著简写本,提高英语学素养和英语语言素养。同时,我们建议教师阅读相关的文学作品评论文章,丰富文学鉴赏知识、提高文学鉴赏能力。

(三)力争多方配合,积极打造名著课外阅读共同体

要全面持续地开展英语名著整本书课外阅读,除了教育行政的政策支撑外,还需要教科研部门的专业指导、学校课程安排的保障、教师观念的改变以及学生与家长的多方配合。

第五章 初中英语整本书阅读教学课程建设探索

第一节 初中英语整本书阅读校本课程计划

"课程计划"指制订的课程变革的目标以及实现目标的具体方案。在课程从规划、设计到实施的过程中,从课程决策者、编制者到教师和学生,经历了好几重转换。课程计划本身的特性是课程实施的一个重要变量。因此,实施整本书阅读教学时,在课程计划层面必须进行科学合理的设计。

一、整本书阅读的课程价值取向

只要从事一定的课程实践活动,必然会有某种相对稳定的课程价值取向。课程价值取向作为课程的价值倾向性,无论是显性还是隐性,总会在课程中有所体现。整本书阅读的课程价值不仅体现了整本书阅读对人的某种需要的满足,还体现了人对于整本书阅读的主动追求。

(一)整本书阅读的课程价值冲突

从古今中外"整本书阅读"的教学实践来看,整本书阅读主要有"培养应试阅读者""培养独立阅读者""培养成熟阅读者""培养终身阅读者"四种价值取向。教师可以从两个层次来审视这四种价值取向:第一个层次是"传统教育"与"素质教育"之间的矛盾;第二个层次是"本体价值"与"工具价值"之间的失衡。

1."传统教育"与"素质教育"的矛盾

"培养应试阅读者"与"培养独立阅读者""培养成熟阅读者""培养终身阅读者"之间存在着矛盾,其本质是"传统教育"与"素质教育"的矛盾冲突。"传统教育"将通过考试、获得高分作为教育的唯一目标,在训练学生应试的过程中往往造成学生片面发展。但是,绝大多数家长与学生还是选择投身于传统式教育的竞争中,以便为自己在考试中争得一席之地,这背后其实是眼前利益与长远利益的矛盾与较量。长远利益是学生全面而自由的发展,眼前利益则是学生以最直接的方式获取高分。目前,考试分数是人才选拔最具权威性的评价标准,学生通过分数的竞争实现学历的分流,而学历的分流会造成所从事工作的分流,所从事工作的分流会造成将来所占社会物质财富的差别以及所处社会阶层的区别。因此,许多家长、学生甚至学校、教师选择屈从于眼前的利益。"素质教育"的教育理念与"传统教育"的教育实际之间的矛盾斗争在教育界经久不衰,从一定程度上可以说,这并不是一个教育问题,而是社会问题,它牵动着无数社会群体的切身利益和实际需求。

"培养应试阅读者"只是"素质教育"与"传统教育"矛盾冲突的表现之一。从家庭层面看,家长关注学生在学校的学科考试成绩,自然是考试最容易考什么,学生就该学什么。持有这种观念的家长会认为英语教材以外的书籍对学科考试没有什么助益,甚至侵占了学生的时间。不少爱好阅读的学生因为阅读课外书而受到家长的指责,甚至被家长武断制止。从学校层面看,升学率高的学校才被称为"好学校",教师不得不服从传统式的教育模式,使出浑身解数做好"教与考的统一,练与考的结合",因而绝大部分班主任和任课教师认为课外阅读对学生无益,并断然反对学生进行课外阅读。也有教师认为在考试中整本书阅读所占分值有限,花费大量时间来指导学生阅读整本书并不划算。从学生自身看,电视、网络游戏及通俗读物形成了课余生活的三大消遣方向,多数学生把课余时间花在看电视、阅读从小摊买的漫画等通俗读物上,还有部分学生迷恋游戏。整体而言,学生在阅读中的主体意识在逐渐丧失,逐渐沦为被动的阅读者,阅读能力的发展主要集中在学习考试答题技巧上。在教学实践中,学生甚至为了应对中考、高考中的"名著阅读"试题而对文学常识、内容提要进行记忆背诵,以此取代真正的阅读。

"培养应试阅读者"服从人们的功利性目的,却违背了"培养全面而自由发展的人"的教育本质目的。[①]应试能力仅仅是学生综合发展的一个层面,不能将其放大,以分数作为唯一的目标追求。素质教育强调学

[①] 许艳.整本书阅读与研讨[M].北京:华文出版社,2019:14—16.

生全面发展,面向全体学生,尊重学生的兴趣和特长,发展学生的主体性,才真正体现了现代学校教育的目的与诉求。与此相反,应试教育的主要目的是教学生应付考试或为高一级学校输送新生,极力渴求考试分数提升,注重教育短期效应,具有强调知识灌输、面向少数学生、无视全面发展和压制个性等价值取向。因此,在课程计划层面首先要解决好"传统教育"与"素质教育"的矛盾。

2."本体价值"与"工具价值"之间的失衡

西方对课程价值始终有两种截然不同的看法:一种把课程视为手段,其价值由某个外在的目的赋予;一种认为课程本身就是目的,因而具有内在的善或价值。如杜威认为,课程的价值在于其社会工具性,本身并没有目的,只有把课程当作一种引导儿童去了解社会生活情境的工具和促进社会进步的手段,它才有真实的意义。彼得斯则承认人们确实可以从工具意义上去看待学校课程中的大部分活动,但是人们之所以选择科学、数学、文学、历史、哲学和艺术作为课程,而不选择扑克作为课程,是由于课程有内在的或固有的价值。

"培养独立阅读者""培养成熟阅读者"与"培养终身阅读者"之间存在"工具价值"与"本体价值"的区别。本体价值是指"某些东西作为目的,本身就是内在善的,值得向往的,或有价值的",也可以称为内在价值或目的价值。"培养终身阅读者"重视的是阅读自身的价值,即阅读本身所固有的、独立于外在目的的善的品质。"工具价值"是"一种外在的,或有益的善,或作为一种手段的善"。"培养独立阅读者"与"培养成熟阅读者"侧重实现阅读的教育价值,即将阅读视为一种手段,认为阅读的价值在于在阅读中学会阅读技能、方法、策略等。叶圣陶所持的"教材是例子"的观点,重视的就是教材的"工具价值"。"阅读"不仅具有工具价值,也具有本体价值。

目前中学阅读教学的最大失误之一,恐怕是将精力过多地放在了阅读技术上,相对忽视了对阅读主体的培育。许多学生与书籍痛苦奋战多年,不只错过很多值得学习的东西,而且一生都将阅读和痛苦联系在一起。教师要阻止这种痛苦的产生,让学生爱上阅读,并使他们在毕业后继续阅读,成为终身阅读者。吉姆·崔利斯强调:不是要教孩子"如何"阅读,而是要教孩子"渴望"阅读。一个跑得很快的人,可能不爱跑步,而对于身体健康真正有益的是喜爱并坚持锻炼,将锻炼作为生活方式。同理,学校教育培养出的成熟阅读者,有一些可能走上社会后不再愿意阅读,而对于人生真正有价值的是热爱阅读、坚持阅读,将阅读作为生活的一部分。在课程计划中要处理好整本书阅读的"本体价值"与"工具价值"之间的平衡。

(二)整本书阅读的课程价值选择

比较中美两国整本书阅读教学实践,会发现两国在课程价值选择上有所区别。中美两国在"培养独立阅读者"的投入上有较大差异。美国《不让一个孩子掉队》(NCLB)法案中指出:"当美国进入了充满希望与光明的21世纪时,却有许多儿童仍生活在贫困的过去。今天,将近70%的城区四年级学生在国家阅读测验中未达到基本的阅读水平……我们国家正逐渐地被分为两个'国家'。一个'国家'的公民具备阅读能力,而另一个'国家'的公民则不具备这种能力;一个'国家'的公民心怀理想,而另一个'国家'的公民则没有理想。"因此,美国在"培养独立阅读者"方面进行了大量的研究和投入,比如建设"儿童分级阅读"体系。最著名的分级阅读体系是以下五种:指导阅读体系、蓝思(Lexile)分级法、阅读发展评价体系、阅读校正体系及阅读能力等级计划。以"指导阅读体系"为例,它是由凡塔斯和皮内尔(Fountas & Pinnell)两位阅读专家开发的一套图书分级系统,将图书按A—Z进行分级,共26级,从A至Z难度递增。分级的主要标准包括:全文词汇数量、单词数量、高频词汇数量与比例、低频词汇数量与比例、句子长度、句子复杂度、句义明晰度、句式、印刷规格、每页词汇数、插图信息量、思想深度、主题熟悉度等。其中客观因素靠电脑分析,主观因素如图例、句子复杂度、思想内涵等则靠训练有素的分级阅读专家进行分析。

相比而言,我国在"培养独立阅读者"方面尽管没有美国的投入大,但是并没有出现学生大比例不能独立阅读的状况。

"培养独立阅读者"既具有"工具价值",也具有"本体价值"。在"工具价值"层面,"培养独立阅读者"是"培养成熟读者"的基础;在"本体价值"层面,"培养独立阅读者"是"培养终身阅读者"的基础。美国在注重"培养独立阅读者"工具价值的同时,也为"培养终身阅读者"打下了良好基础。从TCRWP的课程结构来看,学生学习独立阅读的过程与学会热爱阅读的过程是同步进行的。每一名学生的阅读课程都是从讨论阅读生活开始,教师会询问"家里是否有一本自己最喜欢的书""睡前故事和阅读时间"或谈论"生活中如何用小纸片、雪糕棍做书签""生活中的阅读场所"等。校长会在教室里向学生介绍自己的阅读清单、正在阅读的书,以及自己平时参加的读书俱乐部等。因此,比较中美两国的阅读课程教学实践及其体现的课程价值,会发现我国阅读课程教学的优势与存在的问题。对于"培养终身阅读者",我国需要进一步加强重视。这些不同也可以解释我国2022年《第十九次全国国民阅读调查报告》与美国《2022年阅读报告》的结果之间存在的差异。

课程价值取向是课程的灵魂与核心,课程价值取向会影响课程理论研究者设计具体的课程,也会决定教育实践工作者如何在实践中实施一项具体的课程方案。影响课程价值取向的因素有社会历史条件、知识发展水平、学生发展特点等,其中社会历史条件是影响课程价值取向的根本因素。裴娣娜认为,新一轮基础教育改革中,课程价值取向应指向实现人的全面发展,实现科学与人文的整合以及回归生活;在我国长期占据核心地位的是唯知识论的课程思想,是一种工具理性论,而改革后的课程目标应是一种发展性目标,以主体教育论为基础,使人全面发展,实现人与社会的协调。价值问题本质上是一个选择性的问题,整本书阅读的课程价值取向应当超越以往具有浓重的"技术"倾向的传统课程价值,避免只见"物"不见"人",应以"人"为焦点,把所有构成课程的资源及其所涉及的方面都有机地统一在学生发展上,培养终身阅读者。

二、整本书阅读的课程标准表述

从整本书阅读的历史发展经验来看,课程标准的表述的确对于课程实施状况有重要影响。

(一)规定性

回顾课程发展历史,许多重大的甚至影响深远的课程改革计划不是昙花一现、中途夭折,就是其实施结果与原先的理想相去甚远。

反思个中原因,这些课程改革的倡导者常常过多关注改革的理想或蓝图,却对课程实施的过程极少关注。因此,课程计划与课程实施的关系问题值得深入思考。

增强课程计划的规定性是确保课程计划落实的需要。一般来说,课程计划的质量和实用性越高,课程计划落实的程度也越高。这里的"质量与实用性"是指课程计划所要求的、所提供的课程资料的质量和可利用性。从整本书阅读的历史发展经验来看,课程计划的质量和实用性确实对课程实施情况有非常大的影响。郑桂华认为,课程标准里关于整本书阅读的一些表述"规定性不高",也是从这个角度来论述的。

增强课程计划的规定性也是为了防止课程实施中出现变异。时间是学生最宝贵的资源,同样的时间,学生用来学习什么、如何学习是非常重要的课程与教学研究课题。国家课程是由国家内部最优秀的专家开发的,对课程目标、内容、方法与评估进行了科学的设计,尽量确保学生最为科学合理地学习。当然,国家课程在课程实施中是会出现差异的,有些属于合理的课程创生,有些属于不合理的课程变异。并且一些教师在课程实施中存在着较大的随意性,特别是关于整本书阅读,完全按照个人意愿来进行教学,其合理性值得追问与思考。因此,一方面要强调支持地方、学校参与课程改革,倡导设计因地制宜、丰富多彩的地方课程、校本课程;另一方面也要强调国家课程的规定性,防止因为随意而导致的学生学习时间的无效与浪费。教育部一再强调为学生"减负",不是说让学生该学的不学,而是说要慎重安排学生的学习内容,因为学生的学习时间是最宝贵的资源。

(二)系统性

"培养终身阅读者"不是一项简单的任务,需要在课程标准层面进行系统规划。系统性与层次性是紧密相关的。一方面,从课程价值实现的角度说,小学、初中、高中的整本书阅读应该具有一以贯之的系统性,特别是"培养终身阅读者",一定要从小学低年级起步,重视早期阅读;另一方面,从学生认知发展特点的角度说,小学、初中、高中的整本书阅读应该区分不同的阅读层次。莫提默·J·艾德勒与查尔斯·范多伦合著的《如何阅读一本书》将阅读划分为四个层次,其中较高层次的阅读包含了较低层次阅读的特性,第四层次是最高的阅读层次,包括和超越了其他三个阅读层次。下面将详细介绍这四个阅读层次。

第一层次的阅读,可以称为基础阅读(elementary reading),也可以称为初级阅读、基本阅读或初步阅读。一个人只要熟悉这个层次的阅读,就摆脱了文盲的状态,成为独立阅读者。这个层次的大部分困难是技术性的问题,有些可以追溯到早期阅读教育的问题。克服了这些困难,通常人们能读得更快一些。

第二层次的阅读,可以称为检视阅读(inspectional reading),也可以称为略读或预读。在这个阅读层次,必须在规定的时间内完成一项阅读的任务,譬如可能要用15分钟读完一本书。如果用另一种方式来形容这个层次的阅读,就是在一定的时间之内,抓住一本书的重点。检视阅读并不是随便或随意浏览一本书,而是系统化略读(skimming systematically),目标是从表面去观察这本书,学习到书的表象所教给你的一切。如果第一层次的阅读所问的问题是:"这个句子在说什么?"那么这个层次要问的典型问题就是:"这本书在谈什么?""这本书的架构如何?""这本书包含哪些部分?"大多数阅读者,甚至有许多优秀的阅读者,忽略了检视阅读的价值。他们打开一本书,从第一页开始读起,孜孜不倦,甚至连目录都不看一眼。因此,他们会在只需要粗浅翻阅一本书的时候,却花上了仔细阅读、理解一本书的时间,这就加重了阅读的难度。

第三层次的阅读,称为分析阅读(analytical reading)。分析阅读就是全盘的阅读、完整的阅读,或者说优质的阅读,一个人能做到的最好的阅读。如果说检视阅读是在有限的时间内最好也最完整的阅读,那么分析阅读就是在无限的时间内最好也最完整的阅读。分析阅读永远是一种专注的活动,读者会紧紧抓住一本书,一直读到这本书的内容成为他自己的为止。如果一个人的目标只是获得资讯或消遣,就完全没有必要用到分析阅读,因为分析阅读的目的就是理解。相应的,除非读者有相当程度的分析阅读的技巧,否则很难从对一本书不甚了解进步到对之具备更多一点儿的理解。

第四层次的阅读,称为主题阅读(syntopical reading),也可以用另外的名称来指代,如比较阅读(comparative reading)。这是所有阅读中最复杂也最系统化的阅读。在做主题阅读时,阅读者会读很多书,而不仅仅是一本书,阅读者列举出这些书之间的相关之处,提出一个所有的书都谈到的主题。但只对书本字里行间进行比较是不够的,主题阅读涉及的远不止于此。借助所阅读的书籍,主题阅读者要能够架构出一个可能在哪一本书里都没提过的主题分析。很显然,主题阅读是最主动也最花力气的一种阅读。

第二节 初中英语整本书阅读校本课程策略建构

一、学校:课程实施的组织与领导

从普遍意义上讲,学校领导对课程计划的实施担负着领导、组织、安排、检查等职责。对于整本书阅读而言,学校在课程实施层面担负着更重要的职责。美国课程论专家施瓦布认为,课程的基本要素包括学科内容、学生、环境、教师。环境是指学习赖以发生并使学习结果得以产生的场所,它包括教与学的发生场所——课堂与学校,还包括家庭、社区、特定的阶级或种族群体。根据施瓦布的观点,艾登·钱伯斯的"阅读循环"应当扩展为一个三层结构:内层是教师的指导,外层是学生的活动,最外层是教师指导与学生学习赖以发生的支持环境。整本书阅读课程需要运行在适宜的环境之中。"橘生淮南则为橘,生于淮北则为枳,叶徒相似,其实味不同。所以然者何?水土异也。"课程方案设计得再合理,如果没有合适的课程运行环境,也很难达成预期效果。可见,学校要承担创设课程环境的主体职责。

目前许多学校拥有图书馆,有一定量的藏书,但是它们的利用率并不高,主要是因为缺乏从课程角度出发的顶层设计。

二、教师:课程实施的参与和执行

(一)教师实施课程的意义

教师是课程实施过程中最直接的参与者。对于新的课程计划成功与否,教师的素质、态度、能力的适应和提高是关键影响因素。事实表明,一些课程计划没有取得预期效果,并不是课程计划本身的问题,而是由于教师不积极参与或不能适应。"不积极"是针对教师的态度而言,"不适应"是针对教师的能力而言。

教师参与课程变革的积极性、主动性越高,课程变革的落实程度就越大。教师对课程变革的态度很重要,如果对课程变革这项活动并无"专业关切",教师将不会为课程变革付出额外的努力。要想提高教师的参与积极性,需要加强教师间的交流与合作。交流可以是课程编制者与实施者之间的交流,也可以是实施者彼此之间的交流。在交流课程计划方面的情况时,课程编制者可以告知实施者隐含在课程中的一些基本假设、价值取向,可以提供一些有利于课程实施的建议。实施者之间的交流则可以使实施者了解彼此课程实施的情况、存在的问题以及一些值得借鉴的做法等。

虽说通过各种交流可以提高教师的理解和认识,但课程实施的一些技能、方法、策略,还是需要通过一定的培训才能获得。至少要让年级组长、教研室主任或骨干教师接受比较正规的培训,使他们发挥表率的作用。学校所在的行政区域应在教师培训方面发挥主要作用。行政区域从事课程变革越积极,课程变革计划的落实程度也就越大。反之,行政区域越保守,落实一项新的课程变革计划就越会困难重重。①

对于整本书阅读而言,目前教师在课程实施层面遇到的难以解决的问题主要有以下几类。第一类是学生阅读时间少,解决这类问题的关键不在于一线英语教师的努力,这属于课程计划的系统规划以及学校的价值选择问题,关键在于英语课程标准里是否有具体的课时规定,学校领导重视"培养考试阅读者"还是"培养终身阅读者"。第二类是学生阅读兴趣淡,解决这类问题的关键在于处理好"学生自由阅读"与"师生共读一本书"的关系。从"培养终身阅读者"的角度说,给予学生自主选择性非常重要;从"培养成熟阅读者"的角度说,师生共读与研讨非常重要。第三类是学生阅读能力差,这个问题的解决主要依赖于英语教师的努力,整本书阅读区别于"单篇课文阅读与研讨"的教学价值体现在全书结构的整体性与文化内涵的深刻性上,教学过程要相应体现出"整"的特点,不要只关注零星片段,要让学生在原有基础上有针对性地提升到更高水平。

---

① 赖彩虹.初中英语整本书阅读教学探究[J].师道(人文),2021(10):35-36.

(二)初中英语整本书阅读教学实践

1. 读什么书——精选教学内容

读本的选择旨在提升学生的阅读素养,可主要参考以下几个标准:①学生现有的英语水平、年龄特点及认知程度;②注重主题,构建课程价值体系;③重视与新课标的联系,指向英语学科核心素养的培养。教师基于多年实践研究经验及团队智慧,为确保阅读的持续性和有效性,制定了如下书单,同时为满足学生个性化的阅读需求,对所有书单进行了必修和选修的区分。表5-1为八年级选定书目,八年级黑布林英语阅读系列丛书的其他书目为学生课外自读书目。

表5-1 八年级选定书目

主题	书目
成长	The secret garden
	Little women
	The anti-bully squad

2. 何时读书——确保教学时间

以《秘密花园》(*The secret garden*)的整本书阅读为例,该书共15章,进行为期一个学期(20周)的整本书阅读实践,每周一课时。为确保整本书阅读有序进行,采用课内阅读与课外阅读相结合的方式,形成"5+1"的教学课时结构,即每周5课时,保证正常的教学进度,用一堂阅读课选定书目。这样,既充分保障了阅读时间,还有利于教师帮助学生进行科学规划,使其养成良好的阅读习惯。同时,选择一段相对完整的时间进行集中阅读,可以避免学生对文本的思考被打断,从而使其持续理解故事情节,关注人物的命运,有助于培养其连贯性、缜密性思维。

3. 怎么读书——优选教学策略

结合学生的阅读水平,兼顾阅读目的,教师拟通过3个课时完成一本书的阅读授课,即导读课、讨论课、拓展课。

(1)授课内容

授课内容为黑布林英语阅读书目《秘密花园》(*The secret garden*),小说的主人公玛丽(Mary)是个在印度出生的英国姑娘,10岁的时候,因为一场霍乱变成了孤儿,被送往约克郡的密索斯维特庄园与姑父一起生活。她无意中发现了一把钥匙,并闯入了一个禁闭已久的花园,开启了一个全新的世界。后来,她遇见了卧床已久的表弟柯林(Colin)和驯兽师迪肯(Dickon),他们重建了花园,完成了对柯林的拯救和自我成长之路。

(2)授课对象

某初中八年级学生,共32人。该班学生大多英语基础较好,喜爱尝试新事物,且有课外阅读的经历。

第1课时:导读课。

目的是激发学生已有的背景知识,激发其阅读此书的兴趣。在课前,教师布置了读书任务单和听录音的活动。

教学目标:①通过预测,锻炼学生的思维能力;②通过阅读第一章节弄清楚故事背景。

教学过程:①Brainstorming.关于成长,教师给出两个观点,让学生各抒己见。②Growth means bitterness.③Growth leads to a better self.从文本主题出发,直接切题,引导学生结合自己的成长经历进行讨论。

Predicting: First look at the title, can you guess what the book is about? A girl and a garden. Why is the garden secret? The girl broke into the garden by accident, there must be something special about it? What is it? A monster? A ghost? Some treasure and so on?

教师带领学生浏览目录、小标题、故事梗概,梳理文章的大致脉络。

What is the story about?

Big changes in life—new life in England—the key to the Garden—meet Dickon—rebuild to the garden—the flowers bloom.

Q: How many characters can you see there? Of them who are the main characters? Look at page 10 there's something more about the characters.

文本梳理:Q1: What was Mary like at the beginning of the story? Q2: Why did her parents die? Q3: Can you describe what Mary looks like?

通过问题的形式,让学生提取文本信息,梳理背景知识、人物关系,加强与文本的对话、交流。

Group discussion: imagine what will happen to Mary?

several possibilities:

Be adopted by...

Become an orphan

Be raised up by relatives

Be homeless/wandering around

教师布置读书任务单,引导学生完成文本剩余部分,并进行整本书阅读。

Reading task for The secret garden

Task one(见表5-2):

表5-2 读书任务单

useful words and expressions	definition & usage

Task two:main characters(见表5-3):

表5-3 读书任务单

Character	personality
Mary	
Colin	
Martha	
Dickon	

Task three:questions to answer.

Task four:The phrases and the beautiful sentences.

第2课时:讨论课。

教师通过设置一些小组活动,用任务引领学生思考的方向,帮助其将所读内容吸收并内化,通过个人的积极思考和组内的深度交流,积极构建知识,形成自己对文本主题和作者意图更深刻的理解,并用自己的语言表达出来。

教学目标:①梳理文本情节和玛丽的成长变化;②分析人物的性格特征并举例说明;③就玛丽的成长变化原因进行交流、讨论。

教学过程如下:

第一,猜词。利用"信息差",教师把生词和定义分别布置给两组学生,一组朗读定义,另一组负责说出该单词进行PK。学生的参与热情很高。

第二,利用思维导图梳理文本的情节线和情感线。思维导图将学生思考的结果立体呈现,实现了思维的可视化。思维导图(见图5-1)展示了玛丽发现并重建秘密花园的过程,也体现了在这一过程中她的性格变化。随着故事的推进,玛丽完成了自我成长和自我救赎的过程。

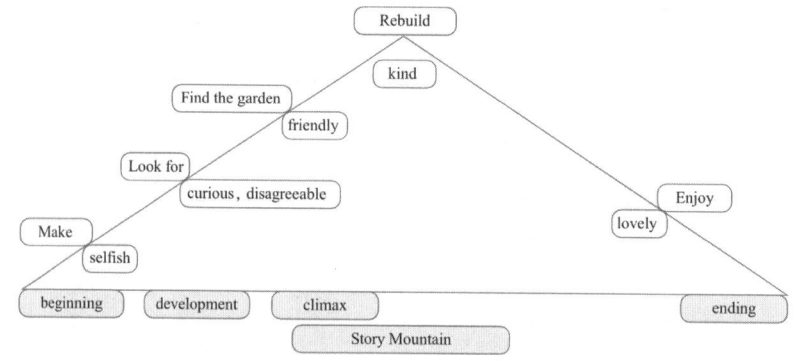

图5-1　玛丽重建秘密花园思维导图

第三,构建知识。教师进行人物分析的示范,让学生通过小组活动选择一个主要人物进行深度剖析,并举例支撑自己的观点(见表5-4)。学生通过梳理、整合、分析、概括信息,深入解读了文本信息,重新构建了自己的知识。

表5-4　人物分析表

character	personality	evidence
Mary	selfish, cross	…
Colin	considerate, helpful	…
Martha	independent, kind	…
Dickon	healthy, outgoing	…

第四,讨论。教师引导学生探究玛丽性格变化的原因,聚焦文本主

题:在玛丽的成长过程中有很多重要因素,如特殊的时刻、有影响的人和特殊的仪式(见表5-5、表5-6、图5-2)。教师让学生小组讨论:"在你的成长过程中,有哪些人、时刻或者仪式,选一个讨论",引导他们在成长的道路上关注自我意识的逐步觉醒(见图5-3)。

表5-5 Special moments

character	Things	how / what Mary feel
Mary	The first time to dress herself / wear shoes / tidy up / go out alone	angry / helpless
Martha	The first quarrel	lonely
Robin	First talk	Love oneself first, then love others, then be loved

表5-6 Martha,the servant,play an important role in Mary's growth

Martha's behavior	Refuse to help Mary dress	Arouse curiosity Towards the graden.	Bought a rope for Mary
Mary's self-reflection	We are equal independent	Feel encouraged	Learn to say thanks and be grateful.

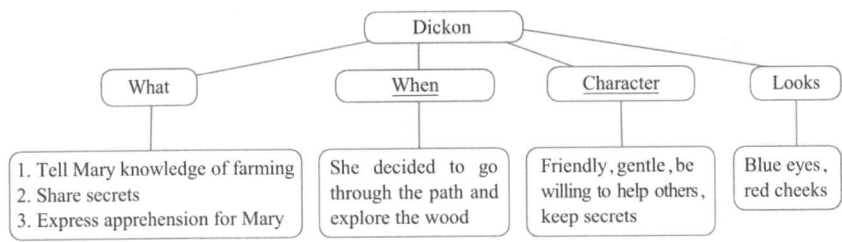

图5-2 Dickon人物分析图

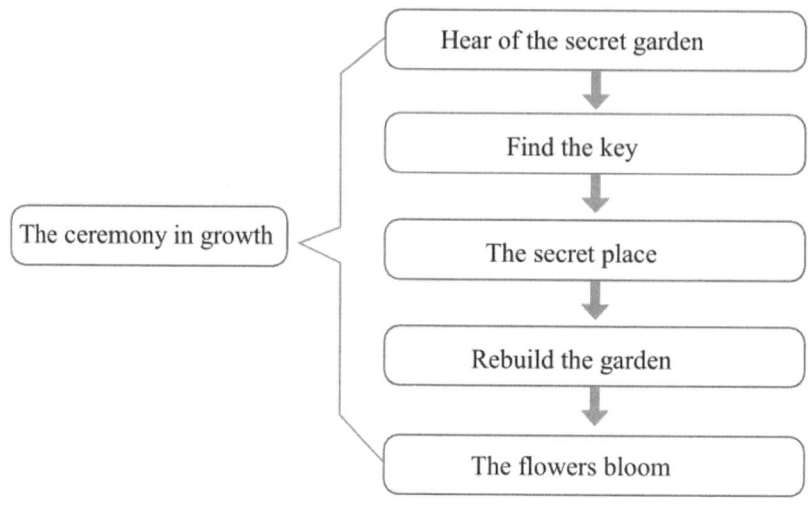

图5-3 The ceremony in growth分析图

第3课时:拓展课

教学目标:①实现知识的迁移;②提高学生的语言表达能力,做到整体输出。

教学过程:教师设计了不同层次的活动,培养学生的分析、推理等高阶思维,以深化小说的主题意义。

第一,制作一个短视频。

把《The secret garden》推荐给你的英国朋友,并阐明推荐的理由。教师创设平台,为学生的语言输出提供真实场景和适宜的实践活动,促进其语言能力的提升,同时深化其对小说主题的理解。

第二,续写故事。

想象20年后玛丽、柯林、迪肯的生活是什么样的,任选一个你喜欢的人物续写。作为整本书阅读的延伸与拓展,续写为学生搭建了一个学以致用的平台,有助于其迁移创新知识,培养逻辑思维和创新思维。

第三,自我设计。

教师让学生设计自己的理想花园,可以画图或者从报纸、杂志上进行剪裁。

A.首先说明你的花园位于哪个国家。

B.花园类型:玫瑰园、野生园林、热带雨林等。

C.花园里种些什么植物?

D.你在花园里做些什么?描述你的秘密花园是什么样的。

E.在班级内为你认为最有趣的花园投票。

此活动是一个文本拓展性的语言输出,完成了从语言输入到输出的过程并实现了对文本语言的重新建构。这样的活动增加了学生的思维深度和广度,挖掘了文本所蕴含的思想和情感,同时提高了其品读自然美、社会美、人格美、语言美的能力。

(三)总结与反思

1.践行英语整本书阅读,挖掘名著育人功能

英语名著阅读作为中学阶段英语教学的一种重要辅助阅读教学形式,体现了英语工具性和人文性的统一。学生在课堂上理清故事主线,对人物性格进行深度剖析,通过主人公性格的变化,学习了人与人、人与社会、人与自然的和谐相处之道。

2.遵循学生的认知规律,注重思维品质的培养

教师精心设计有深度、有层次、多样化且能够引发学生思考的问题,从简单的事实性信息的提取到概括整合文本信息,再到探索秘密花园的象征意义,充分尊重他们的认知规律。在续写环节和绘制理想花园的阶段,学生进行深度思考,分析和表达能力都得到了很大提升。

3.提升阅读兴趣,培养良好的阅读习惯

教师带领学生通过分析题目、图片、小标题预测故事内容及发展方向,无形中降低了阅读的难度,增强了其阅读兴趣,尤其对于基础知识薄弱的学生,以前对长篇名著阅读望而却步,现在阅读自信明显增强了。

4.学生的自主阅读能力得到提升

读书任务单对学生的自主阅读起到积极的引领作用。

(1)任务难度适中,层次分明

任务大多是关于细节性信息的直接提取及学生在阅读中遇见的难点。

(2)读书任务单充当支架功能

教师可以及时掌握学生的阅读进度和阅读难点,为阅读目标的设定

提供依据,有利于提高课堂效率。另外,整本书阅读强调让师生的目光从知识点转向语篇整体,要关注语篇的意义而非语言本身。

三、外部因素:课程实施的支持与保障

除了教育系统本身对课程实施的影响,学校所处的外部环境也是影响课程实施的重要影响因素。以芬兰为例,在国际学生评价项目中,芬兰学生的阅读成绩排名明显领先于其他经济合作发展组织成员国及地区。芬兰学生在阅读方面的傲人表现与芬兰的学校教育、家庭教育及社会教育环境都是分不开的。

在许多关于芬兰教育的研究报告中,都提到了图书馆。芬兰学生的阅读能力强,与学校、社会重视图书馆的作用有密切的关系。芬兰全国目前有一千多个图书馆,包括市立图书馆、专业图书馆及各学校的图书馆,人均占有图书馆的比例居世界首位。芬兰中央和城乡政府联合投资建立全国图书馆网络服务,为所有人免费提供借阅服务。从儿童到老人,只需在图书馆办理借书证,就可以借阅图书并免费上网咨询信息。各图书馆还可根据读者的要求,利用全国图书馆网络从其他图书馆借调图书。为了鼓励学生借书、读书,学校所在的市镇每年都对借书最多的学生给予奖励。芬兰图书馆的服务也很周到,每周有流动图书馆免费到农村学校巡回送书。如此完善周到的免费图书馆网络服务,既有利于芬兰人保持喜爱读书的传统,又能充分满足芬兰人的求知欲望。根据芬兰教育部统计,芬兰44%的学生每月都从图书馆借书,平均每年借13次,每年每人从图书馆借阅20种图书和音像制品。

芬兰的家庭教育在促进学生阅读方面也功不可没。据研究,芬兰家庭注重培养儿童养成阅读和书写的良好习惯,父母大多有在家阅读、念报、讲童话给孩子听的习惯,使孩子在家里种下喜欢阅读的种子。在芬兰,家庭被赋予相当大的教育责任,芬兰家长可利用多种社会资源教导孩子。家长们通常喜欢带孩子上图书馆,那里会有为学龄前儿童设计的活动,如婴儿、幼儿的故事时间等。对于博物馆,也有许多父母会推着娃娃车去参观。正因如此,芬兰儿童从小就打下了良好的阅读基础。据赫尔辛基市教育局的统计,接受学前教育的儿童有30%已能读写,上学一两个月后,90%的学生具有了学习能力。

美国著名阅读研究与推广者吉姆·崔利斯在其《朗读手册》一书的扉页上引用了一段话,英国的爱丽森·戴维(Alison David)也在《帮助你的孩子爱上阅读》一书的扉页上引用了同一段话,"你可能拥有数不清的财宝,成箱的珠宝和满柜的黄金。但是你永远不会比我富有——因为我有一个读书给我听的妈妈"(史斯克兰·吉利兰《阅读的妈妈》)。

阅读是学习和教育的基础。如果一个孩子因为快乐而阅读,这就是他未来可能取得成功的一个最重要的标志,比父母的教育背景或社会地位要重要得多。故事的魔力和童年早期与家长一起阅读的经历,是父母与孩子建立亲情心理连接的一种神奇的方式,并且能让孩子为快乐而阅读。

第三节 初中英语整本书阅读校本化教学指导方案

一、初中英语整本书阅读的校本课程建设

(一)准备阶段——现状调研,查找问题

在校本课程开发的准备阶段,备课组以座谈会的形式对学校英语整本书阅读教学实践的现状进行调研,查找存在的问题。座谈中多数教师表示,除了备课组假期统一安排阅读任务之外,学期中并无整本书阅读教学的安排。部分学期中尝试开展整本书阅读的教师反映,他们基本放手让学生自己读,但因缺乏读中监控以及读后反馈与评价,学生难以坚持整本书阅读。通过前期调研发现,学校层面的整本书阅读实践中存在以下问题。

1. 教学零散化

零散化表现在缺少整体计划。备课组曾利用假期布置学生阅读黑布林系列整本书英语读物的任务,但学期中备课组缺少整体的整本书阅读教学规划,无法保证学生的整体阅读量。

2. 教学浅层化

由于缺少教师的评价与反馈,学生的整本书阅读呈"放养"状态,只

是走过场。学生阅读英语整本书时走马观花多,细品文本少;浅层阅读多,深层阅读少;独自阅读多,互动交流少。缺少评价与反馈的整本书阅读实践浮于表面,学生难以获得实质性的提高,素养提升更是无从谈起。

3. 教学功利化

整本书阅读实施存在功利化倾向,部分教师将"提分"被看得比"育人"重要。部分教师把整本书阅读看成增加学生词汇量、提高其学业成绩的途径,以单纯让学生做题或读后积累生词作为阅读反馈方式,导致学生阅读体验差,积极性不高。

英语整本书阅读教学实践的零散化、浅层化、功利化使整本书阅读浅尝辄止、流于形式,与培养学生阅读素养的目标相去甚远,无法发挥整本书阅读在素养提升方面的价值。学校层面英语整本书阅读教学实践低效的原因在于缺少课程化的整体设计,尤其缺少有效的评价方式。整本书阅读课程化是指将整本书阅读纳入现有的课程体系,明确课程目标、精选教学材料、设计教学过程、实施教学评价,辅助教材阅读实现课程目标的过程。唯有课程化的建构才能整体推进整本书阅读的校本实践。整本书阅读校本实践走向课程化的建构势在必行。

(二)建构阶段——整体建构,编制课程方案

校本课程开发需要明确课程目标、课程内容、课程实施以及课程评价,这些内容的确定都有赖于课程实施方案的整体化建构,课程实施方案是课程推进的行动指南。为了编制课程方案,学校组建教研团队,整体规划,谋定后动。教研团队在学习了整本书阅读、阅读素养、课程建设与实施的相关理论后,从课程目标、评价方式、实施保障等方面建构了整本书阅读校本课程方案(见下图5-4)。

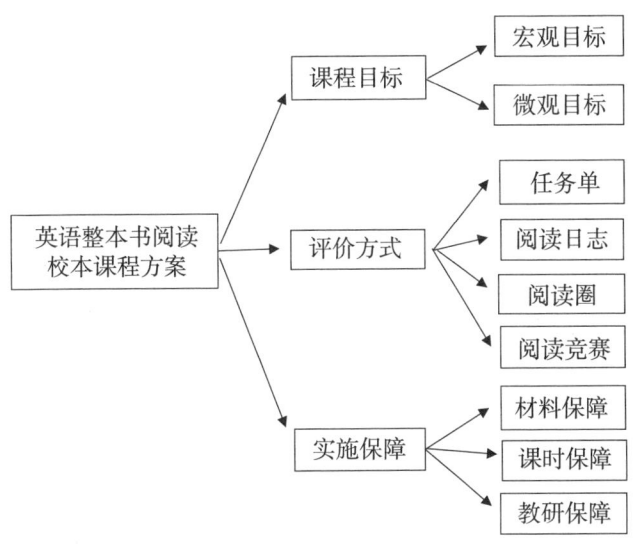

图5-4 整本书阅读校本课程方案

1. 课程目标

课程目标分宏观目标和微观目标。宏观目标是基于阅读素养实施英语整本书阅读教学,旨在建设英语整本书阅读校本课程。微观目标基于学生的阅读表现设定,融合了阅读习惯、思维与策略、阅读情感与体验等阅读素养的要素,具体内容为:能在导读任务单的辅助下完成整本书导读,初步养成阅读习惯;了解阅读日志的基本知识与方法,养成记阅读日志的习惯,能在阅读过程中运用分析、概括、评价等评判性阅读策略;能以阅读圈的方式完成整本书共读,积极参与整本书阅读的交流、展示、评价活动,体会到整本书阅读的乐趣与成就感。

2. 评价方式

整本书阅读校本课程的实施过程中需要有效的评价来跟进以检测整本书阅读的实效。

校本课程采用形成性评价的方式,将整本书阅读纳入学期过程性考核,任务单、阅读日志、阅读圈、阅读竞赛的表现共同构成整本书阅读个人评价档案。鉴于传统纸笔测验无法客观反映出学生阅读过程中的思维运用、策略使用、情感态度与阅读体验,评价时只有阅读竞赛采用纸笔测验的方式,而任务单、阅读日志、阅读圈展示均采用表现性评价。表现性评价不是为了筛出好坏,而是为了让学生清晰地认识到自己在阅读活动中的表现,评价的过程也是学习的过程,有助于发挥评价的诊断、反馈、促学功能,促进教、学、评的一体化实施。

3. 实施保障

整本书阅读教学的实施保障分为材料保障、课时保障、教研保障三个方面。阅读材料采用的是黑布林英语阅读系列读物,内容以故事类文学阅读为主;课时为每周压缩课内练习讲解的时间,拿出整节课来进行整本书阅读教学的实施,同时利用在校自习课和周末保障学生自主阅读的时间;教研活动中对整本书阅读教学进行集体备课,主备人提前准备,带领其他教师研讨阅读活动,准备课程素材。

(三)推进阶段——多轮推进,行动反思

整本书阅读校本课程的实施并非一蹴而就,需要多轮推进,各轮推进都需要在行动中不断反思、实践、再反思,不断调整、完善实施方案。整本书阅读校本课程分任务单导读、阅读日志自读、阅读圈共读三轮进阶式推进,学生借助任务单实现整本书的支架式导读,通过完成阅读日志实现整本书的评判式自读,通过阅读圈实现整本书的交流式共读。

1. 第一轮推进:任务单导读

第一轮推进将任务单引入整本书阅读教学中,学生在任务单支架下能初步完成整本书导读,避免阅读走过场。任务单设计经历了1.0版、2.0版到3.0版的优化过程。1.0版的任务单包括文本理解、人物梳理、好句摘录三个任务板块,其中文本理解是重点,包含基于文本的查找、识记、理解类问题,对学生而言易上手,有助于其树立阅读英语整本书的信心。

在采用1.0版任务单的实践中发现,学生基本能顺利完成任务单,部分学生反映填写任务偏简单,不需要多思考就能完成。这让教研团队反思了任务单导读的重点在于导思,多次研讨后形成任务单2.0版。2.0版的任务单增加了情节梳理和自主提问两个板块,以提升学生的概括能力和提问能力,并优化了文本理解、人物梳理、好句摘录三大板块,其中人物梳理板块调整为人物评析,好句摘录板块调整为好句赏析,以提升学生的评价能力,而文本理解板块基于布鲁姆的认知目标分类完善问题设计。布鲁姆将教育的认知目标分为识记、理解、应用、分析、评价、创造六个类别,其中识记、理解、应用是低阶思维,分析、评价、创造是高阶思维。

2.0版的任务单基于这一分类兼顾识记、理解、应用的低阶思维问题与分析、评价、创造的高阶思维问题。以黑布林英语读物《彼得·潘》(*Peter Pan*)为例设计的问题见表5-7。

表5-7　2.0版阅读任务单文本理解板块的问题设计样例

识记类问题	Where does the tick-tock noise come from?
理解类问题	Why is Tink jealous of Wendy?
应用类问题	Suppose you were Wendy and rewrite what happened in the chapter 3.
分析类问题	How do the pirates catch the boys? Finish the picture by pointing out the positions of the pirates.
评价类问题	What do you think of Tink?
创造类问题	If you were Tink, could you think of another way to save Peter without drinking the poisoned medicine?

在使用任务单2.0版的过程中发现，高阶思维任务能激发学优生的兴趣，但会使学困生有挫败感；所以在考虑个体差异性的基础上保留2.0版的任务板块，将各板块任务分A、B两类，A类代表基本要求，B类代表拔高要求，设为选做任务，最后形成任务单3.0版（如表5-8）。通过多轮优化，任务单发挥了作为整本书阅读支架的导读导思功能。

表5-8　3.0版阅读任务单任务板块及任务分层

任务板块	任务分层
文本理解	A.完成识记等低阶思维问题
	B.完成分析等高阶思维问题
情节梳理	A.写出关键短语，标识流程
	B.用3—5句话概括内容，画情节发展图
人物评析	A.找到主要人物，画出人物关系图
	B.评价人物，给出文本依据
好句赏析	A.摘录喜欢的句子

续表

任务板块	任务分层
	B.摘录喜欢的句子,给出喜欢的理由
自主提问	A.写下有疑问的句子
	B.设计两个问题

2.第二轮推进:阅读日志自读

第一轮任务单导读时学生在控制性任务的驱动下实现了对文本的初步理解,但自主选择、意义建构的空间不足,第二轮推进则将阅读日志应用于英语整本书阅读教学。写阅读日志是学生进行个性化阅读的过程,学生每天摘录语言,记录阅读感悟,可以回顾故事情节、预测故事发展、提出质疑并联系生活或展开想象,学生可由作品迁移到个人生活,发挥作品育人价值。写阅读日志是评判性阅读的过程,评判性阅读是一种深层次阅读,它要求读者在阅读过程中利用预测、分析、质疑、推断、总结、评判等批判性思维的方法,达到对阅读材料的深刻理解。通过写阅读日志,学生综合运用分析、概括、评价、提问等评判性阅读策略,从语言、情节、人物等方面对整本书进行分析、概括、评价,联系实际写下心得感悟,完成自主阅读过程。

阅读日志的推广经历了试点、动员、实施、展示四个阶段,由点及面地铺开。在试点阶段,教研团队以部分班级为试点,教师布置写阅读日志的任务,让学生自主选择日志板块,如语言摘评、分析人物、概括情节、绘制导图等。实施中发现,学生普遍对写阅读日志很感兴趣,写出的日志内容比较充实,但也出现部分学生贴了很多图片但文字只有寥寥几行的情况。因此动员阶段教师在年级大会上向全体学生发出写阅读日志的倡议,呈现阅读日志的基本要求,让学生记录阅读书目的名称与章节,日志正文部分提供如下板块供学生参考选择:Pretty Words or Sentences 板块用于摘录好词好句好段,可摘评或摘译;Characters 板块用于梳理情节、评析人物或画人物关系图;Plot 板块用于画情节导图或写内容概要;My Thoughts 板块,用于联系实际写下个人感受。同时学生自己可以增设个性化板块,添加装饰,但不能喧宾夺主,须保证内容大于形式。最后教师呈现试点班级学生的优秀阅读日志范例供其他学生借鉴学习。

阅读日志的全面实施阶段在全年级进行,由各班学生自主选择英语整本书进行阅读,每天阅读后写阅读日志,以周为单位进行阅读日志反馈,分小组交流互评后每组派代表对本组的阅读日志进行展示,分析亮点与不足,其余小组点评反馈,教师就整体给出反馈意见。其中优秀日志可在班级阅读角进行展示,或分享到班级群。阅读日志的集中展示阶段在学期末,学校在图书馆举办面向全校师生的阅读日志展,在展览中生生互赏、师生共赏。阅读日志展示活动在学校微信公众号上及时推送,使学生在各个平台的展示中获得整本书阅读的成就感,这种精神激励是学生日后持久阅读英语整本书的动力。

3. 第三轮推进:阅读圈共读

第三轮推进是在任务单导读和阅读日志自读的基础上以阅读圈的形式开展整本书阅读的共读活动,使学生分享阅读心得,交流阅读成果,从而实现对整本书的深度交流与碰撞。阅读圈(reading circles)是暂时性的阅读小组,小组成员自主选择并阅读同样的故事、诗集、小说或其他文学作品。阅读圈采用分组的形式,并在小组内分派讨论组长、总结者、文化收集者、生活联系者、单词大师;[1]阅读圈任务角色可以进行调整,且教师在实施活动前应事先为每一位组员准备一份任务清单或工作表,列出任务角色的职责和分析事项。教研团队基于学生在任务单导读和阅读日志自读中所熟悉的任务板块,确定了整本书阅读的阅读圈角色并设计了相应任务清单(见表5-9)。

表5-9 整本书阅读的阅读圈角色及任务清单

阅读圈角色	任务清单
词汇小专家	选取影响故事理解的核心词汇和搭配,按章节制作词汇列表,配以例句;把生词表发到阅读小组共享。
好句鉴赏师	呈现精彩语句,从用词修辞、表意功能等方面作出评价赏析,可借助英文支架,如:The sentence/word shows that.../The writer uses... to show.../What is special about this sentence is that...

---

[1] 苗兴伟,罗少茜.基于语篇分析的阅读圈活动设计与实施[J].中小学外语教学(中学),2020,(9):1-5.

续表

阅读圈角色	任务清单
情节梳理员	梳理故事情节的背景、开端、发展、高潮、结局;评估情节合理性并给出理由;给故事添加结尾。
角色分析师	梳理人物关系;从外貌、性格、行为等角度绘制主要人物的思维导图;凝练人物特征,作出人物评价并给出文本依据。
主题探究员	提取主题词,阐释主题内涵;在文本中寻找情节或细节佐证;联系生活实际抒发对主题的感想和心得。

阅读圈展示要求各阅读小组成员在完成所负责的角色任务时形成文字,先在课前分组讨论,组内参照任务清单进行互评,进行第一轮优化;课上进行小组展示,师生共评,进行第二轮优化;为扩大阅读圈交流广度,年级层面举行整本书阅读圈微视频大赛,要求各组将阅读圈成果制作成六分钟以内的微视频,评比标准包括合作质量、文字质量、口语质量、视频质量四个维度(见表5-10),便于参赛学生在准备过程中自评,进行第三轮优化。然后开展班内组间互评及师评,在自评、互评、师评的基础上推选班内优秀作品到年级评比,并在公众号上推送,最大范围地分享阅读圈共读的成果。

表5-10 整本书阅读圈微视频比赛评分表

评价维度	评价细则	等级打分(1—5分)				
合作质量	任务圈角色清晰	1	2	3	4	5
	每个角色准备充分	1	2	3	4	5
文字质量	意思表达清楚	1	2	3	4	5
	整体框架明晰	1	2	3	4	5
	语法较好,错误不多	1	2	3	4	5
口语质量	大声、自信	1	2	3	4	5
	表达流畅,语速适中	1	2	3	4	5
视频质量	音质较好,画质清晰	1	2	3	4	5

续表

评价维度	评价细则	等级打分(1—5分)
亮点及建议		总分：

（四）总结阶段——总结成效，提炼策略

1. 总结英语整本书阅读校本课程建设成效

整本书阅读校本课程建设改变了学校英语整本书阅读教学的现状，使其从零散化走向整体实施，从浅层化走向深度化，从功利化的提高分数走向素养导向的立德树人。整本书阅读校本课程提升了学生的阅读素养，使学生养成整本书阅读习惯，提升高阶思维，运用阅读策略，深化阅读体验；也转变了教师功利的阅读教学观念，使教师成为课程方案的制定者、课程实施的推进者、课程活动的举办者；还营造了全校整本书阅读的积极氛围，使学校作为区域整本书阅读基地校发挥了示范辐射作用。

2. 提炼英语整本书阅读校本课程推进策略

（1）问题导向，整体规划

以问题为导向的课程整体规划保障了课程建设的方向性，避免了课程实施的盲目性，使课程建设从准备阶段、建构阶段、推进阶段到总结阶段环环相扣。在查找问题的基础上，教研团队明确整本书阅读校本课程建设的实施方案，确定以提升阅读素养为目标，聚焦阅读的习惯、思维、策略、情感、体验等方面，本质上是对人的关注，体现了整本书阅读校本课程育人的价值导向。

（2）过程评价，螺旋上升

校本课程评价是由学校自主进行的，旨在提高校本课程开发质量的发展性评价，评价贯穿于校本课程开发的整个过程，具有多元的评价主体和评价标准，评价的结果将直接体现在课程开发的过程中[1]。教研团队在课程建设的各个阶段对课程实施效果开展及时的过程性评价，以成效评价促反思推进，如任务单不断升级优化，以满足不同水平学生的学习需求。

---

[1] 赵新亮,周娟.校本课程评价的内涵与实施策略[J].教学与管理,2011,(10):30-31.

（3）由点及面，循序渐进

整本书阅读的课程化需要由点及面地推进。由点及面一方面体现在由班级的试点改进到年级的推广应用，如阅读日志的推进；另一方面指交流的广度由班级走向学校，如举办阅读日志展评活动、阅读圈微视频评比活动，让学生在活动中深度参与、积极反思、碰撞思维、深化体验，促进学生阅读素养的发展，真正实现阅读的育人价值。

二、"五有"英语整本书阅读校本化教学策略的实践

为了结合笔者学校英语教学实际，探索课外阅读的新模式，从而提高阅读教学的有效性，笔者在本校七、八年级尝试开发校本教材，探索"有集体组织、有教师导读、有层次自读、有同伴支持、有评价拓展"的英语整本书阅读校本化教学策略。

（一）"有集体组织"的英语整本书阅读

1.选取适宜的原生态英语素材

在世界交流日益便捷的今天，要获取与时俱进的原生态英语素材并非难事。但在众多的材料当中，选择适合初中学生的素材尤为重要。选取的读物在语言上应该难易适中，符合"i+1"理论，让学生能在原有语言基础上向前迈步；在题材上应该贴近青少年生活，健康向上，能在有形的阅读中对学生进行无形的积极的情感渗透，让学生在学习语言的同时陶冶情操，培养正确的人生观和世界观。这样的原生态英语素材能够引发学生的阅读兴趣，启发他们感受语言之美。

在本次的研究中，笔者选取了原版儿童小说《别有洞天》(*Holes*)。这部小说曾获1999年纽柏瑞儿童文学奖金奖，是一部十分精彩有趣的儿童文学作品，其悬念铺设巧妙，而主人公面对种种厄运却从未失去对美好生活的向往，他克服困难的毅力以及与同伴间的手足情深对我们的学生来说无疑是一次极好的精神洗礼。

2.在校本教材编写前选取个别班级进行试点研究

为了检验《别有洞天》(*Holes*)对学生群体的吸引力以及此教材开发的现实意义，在研究初期，先选取了一个教学班，以课堂教学为主要形式，开展了为时一个学期的阅读教学试点研究。每周布置学生自行阅读

小说《别有洞天》(Holes)的一个章节,由学生主讲,利用一个课时进行堂上集体分享和讲解。

但是,在此试点研究当中,我们也发现了一些存在的问题:原版小说《别有洞天》(Holes)未经任何改编及加工,词汇不可避免地成了学生阅读的最大障碍,致使部分基础较弱的学生失去了阅读的信心,基础较好的学生也因需要不断地查阅字典而影响了阅读的连贯性和流畅性。这无疑给学生的真实阅读打了折扣,并不能达到开展课外阅读教学的初衷。正是有了这个试点研究作为基础与背景,英语整本书阅读的校本化多层次、多维度开展的重要性和现实意义便更加凸显出来。

3. 对整本书阅读的语言素材进行校本化处理

原生态的语言素材的整本书阅读过程中,难免出现相当一部分的课标外单词、短语及表达方法容易对学生造成阅读障碍,因此,有针对性地加以处理和引导才能保持学生的阅读热情。立足上一阶段的试点研究,整本书阅读语言素材的校本化处理便应运而生。

(二)"有教师导读"的英语整本书阅读

1. 设计同步的阅读任务

按照性质与目的的不同,本次设计的阅读任务主要分为以下几类(总的原则是"当时读、当时想、当天读、当天记")。

(1)语言积累类

包括词汇的词性、音标、词义,达到音、形、义的结合。此外,使词汇变"活"的最佳方式是"用",故专门设置了用该新词在文中的义项造句的任务。对词汇在不同语境下的不同义项的关注能让学生逐步建立语境观,学会结合上下文理解词语;而造句练习能让学生实现从读到写、从语言输入到输出的能力提升。诚然,七年级学生对于各种句型及语法结构的掌握还多建立在感性阶段,难免出现不少语法错误,但试错的机会其实十分宝贵,知识只有在反复的错误中不断总结才能获得最终的牢固掌握。大胆迈出语言输出的第一步,在输出中运用各种在输入中积累的语言现象,便是提高综合语用能力的重要一步。

(2)情节概括类

学生在读书笔记中对自己当天阅读的情节内容进行总结,此任务的目的是让学生逐步建立整体观和语篇观,并且培养语篇概括能力。

(3)读后反思类

学生对情节发展进行反思,培养反思能力,尤其对于 Holes 这本书而言,故事就发生在十三四岁的少年中,非常贴近学生的现实生活,对这样的故事进行及时反思,能让学生学会观察身边的人、物、事,学会反观自己的生活,起到很好的情感教育作用。

(4)阅读思考类

老师会定时公布相应章节的引导性阅读思考题,此举落实了整本书阅读的同步性,它的初衷是让学生时刻感受到自己并非孤独一人进行阅读,而是有老师、有同伴每天陪着他一起读 Holes 这本书。这些思考题涵括了细节信息获取、文章内容理解、情节推断、语言点积累等多个方面,有助于引导学生从各个层面加深对文本的理解。老师能站在比学生稍高的高度,启发学生思考一些他们自身所未能自发涉及的问题。

2. 编写校本阅读教材的配套写作练习

语言输入的最终目的是语言输出,因此,写作练习是对阅读的最好检验,而写作的过程也是思维能力与语用能力综合运用的过程。笔者利用网络的便捷条件,参考国外的相关阅读教程及写作教程,为每个章节编写了相应的写作练习,学生可以把自己每个章节的习作同步上传到网络,以供同学间分享交流。

(三)"有层次自读"的英语整本书阅读

思维是阅读的生命线,而唯有有层次、有质量的自读能够促进学生阅读中思维产物的生成,最终实现语言核心素养的提升。自读可依循"语言—问题—主题"的线索,围绕"感受人物情感—生成思维产物—反照现实生活"三个层次开展,聚焦不同层次的任务,使阅读不断深化。引导学生初步分析整本书的构成逻辑,从整体把握读物发展脉络,明确作品展开的方式和因果关系,为读后的语言产物、思维产物生成做好内容逻辑的铺垫。

(四)"有同伴支持"的英语整本书阅读

进行英语整本书阅读,对于初中生来说,这个任务既新鲜有趣也宏大艰巨。因此,做好读前动员工作有重要意义。读前动员,一方面主要面向学生,因为学生是阅读的主体,只有引起学生的阅读兴趣,端正其阅读态度,校本教材阅读的开展才能获得良好开端。另一方面,读前动员也要面向家长,因为课外阅读主要在家中进行,家长无疑是学生最好的"阅读伙伴",而这个阅读伙伴并不需要和学生同时同步去阅读校本教材,家长时不时地问一句"你今天读了吗?""今天故事讲什么了?"或是与学生一同讨论书中涉及的人生问题,这对学生的课外阅读将是一个重要的巩固和促进。这不仅能在阅读初期帮助学生坚持阅读,深化学生对情节的理解,而家长与学生间的讨论无疑也为双方的交流以及家庭教育提供了很好的契机。

(五)"有评价反馈"的英语课外阅读

为了落实课外阅读的实时性、指导性和反馈性,实现校本教材效果的最大化,笔者引入了网络的辅助功能,这在实践中也取得了初步的成效。

笔者利用班级阅读微信群和公众号,定时更新章节阅读的思考题,并对该章节给出及时相应的阅读指导,对学生阅读给予启发。学生既有个人阅读时间,也有集体阅读机会。对于七年级学生来说,在英语整本书阅读的起跑点上,这个小细节激发和维持了学生阅读的积极性。同时,网络也提供了很好的交流平台,为学生之间、师生之间的阅读讨论提供了支持。很多学生会在微信群中就小说内容提出问题,同学可进行自由的交流,老师也可给出自己的见解和引导。在这种交流媒介中,老师和学生都是平等的言论者,各抒己见成了可能。整本书阅读便在这种思维碰撞中得到深化。

第四节　初中英语整本书阅读校本化教学设计

一、整本书阅读读书会

(一)整本书阅读读书会的注意事项

整本书阅读读书会类似于"读者沙龙",但读者相对同质,有着大体相近的认知水平,讨论的话题相对集中,主要指向英语课程目标的达成。读书会主要为学生的阅读交流搭建平台,形式相对自由,互动比较充分。师生协商确定读书会的主题,选择读书会的组织形式,共同努力在读书会中获得丰富的信息、多样的观点和多元的感悟。在教学内容的选择上,读书会侧重展示阅读成果,分享交流阅读经验,在此基础上引领学生找到阅读能力发展的生长点。①综观收集的教学案例,笔者认为组织整本书阅读读书会需要关注以下三个问题:

1. 选择能够建立关联的讨论主题

读书会大多有预先设定的主题,主题的作用体现为将学生碎片化的阅读成果连接起来,建立关联有三个基本维度:不同书目之间的关联,书中内容和学生自身生活体验的关联,书中内容和学生所处世界的关联。

具体到课堂教学,主题会被拆分成若干个有关联的话题,话题之间的关联也要清晰明确,力求实现读书会讨论内容的结构化,力求整体性的讨论形成合力,促进学生思想认识的提升。很多教师在实践中已经关注到话题引领下的读书会的指向与走向。

2. 关注学生阅读经验的总结提炼

学生在读书会上发表阅读成果,教师在成果中关注到相对合理、成熟的阅读经验,引导学生关注已有的正面经验,在未来的阅读中通过重复正面经验获得更好的阅读发展。读书会是一个人际交往中心,学生在互动交流过程中见贤思齐、取长补短,被触动、被激发,在表达与聆听中超越表层交流,实现深层合作,学习共同体的促进作用得以发挥。

(1)班级读书会是为了相互聆听

读书会的重点不只在发表、口语交际,读书会的前提是"当自己"。例如,问自己:我的想法是什么?接着,通过聆听,听取别人的想法,并将别人的想法放在心上,丰富自己的想法。

(2)班级读书会是为了互为学伴

班级读书会是为了让同班同学相互倾听、相互关联、相互回应、相互促成。因此,读书会必须让学生积极地、有回应地倾听,并有实质的回应语言。由于老师不可能同时照顾到每个学生,因此,更要让每个学生都

---

① 殷晓燕.基于班级读书会——读整本书的具体策略[J].新课程,2020(44):21.

积极扮演学习者的角色,承担学习的责任,能相互倾听、相互合作、协同学习的学生,才可能有优质的读书讨论。

(3) 班级读书会是为了"去中心化"

老师存在的目的是学生在课堂中能够更加积极主动地自主探索,通过阅读进程的规划、正向积极聆听指导、小组互为学伴,最终目的是让老师在课堂中淡化出来。终究,读书是个人的事,读书会是同学间的事。组织读书会,教师不仅要关注学生读出来了什么,而且要关注学生是怎样读出来的,不仅要关注学生写出来了什么,而且要关注学生是怎样写出来的,引导学生实现深度交流。读书会要能够拓展学生思维的广度、强化思维的组织、关注思维的交互。其中教师要有意识地追问:你的想法和他的想法有什么不同?你的想法是怎样形成的?你们思考问题的角度有没有不同,有什么不同?他的思考方式有哪些值得学习借鉴的地方?学生梳理自身阅读经验的同时汲取他人的阅读经验,生生互动促进个性化阅读策略的形成与完善。读书会主要采用合作学习的方式,"学习方式应该是学习者在完成具体学习任务时的学习动机、学习策略以及元认知三位一体的总和",基于这一观点,重新审视读书会中的合作学习,其功能就不仅仅是交流,也包括激发与促进。那些通过交流能够进一步激发学习动机、促进学生梳理认知经验的内容更有合作的价值。在学习这些内容的过程中,学生分享的不仅仅是彼此的观点,也有各自形成观点的过程,以此为基础,学生逐渐形成并完善个性化的阅读策略,不断改善已有的认知过程与方式。教师在整本书阅读读书会中的主导作用体现为选择与推进,选择能够充分发挥交流、激发与促进作用的阅读成果与阅读经验,推进学生在互动中反思,在反思中完善。

3. 立足认知水平确定阅读生长点

读书会的组织形式多种多样,教师需要明确并把握读书会的目标走向,确保教学目标的达成。根据学生认知水平的发展状态,读书会目标的设置大体上可以分为三个层次。

(1) 内容理解的班级读书会

让学生对某个细节进行研究,联系书中的其他部分,得出结论。这样的教学能够抓住书中的重点部分,引导学生进行交流讨论,对学生的理解能力起到了训练作用。

(2) 重视表达的班级读书会

可以把讨论分为两个大的部分:一是意义理解,二是领悟表达。意义理解部分是出示本书目录,让学生先谈谈对整本书的认识。然后,进行了如下的讨论:讨论角色,出示书中角色的插图,学生谈对角色的认识;讨论故事,在每一个角色身上都发生了哪些事?这两种讨论都是以小组合作的形式进行,先是小组内讨论,然后进行汇报。领悟表达部分,先是谈谈整体感知,然后再具体到细节。教学应该在整体理解内容的基础上,对人物进行探究,不再是以教师的设计为主,而是提供一个探讨的框架,让学生从不同的角度来看一个人物的特征,并且找出相关的细节部分作为证据支撑。增进了对表达方式的探究,对日记、书信分别进行研究,让学生通过日记探究日记的特点,通过书信探究书信的特点,并且研究书信在这本书中的表达作用。让学生学会通过具体的文本得出经验,知道日记和书信应该怎么写。相比第一次而言,学生能够有更实际的收获。

(3) 策略为先的班级读书会

跳出书的内容,以书为依托,培养学生提出问题、梳理问题、解决问题的能力。先让学生"乱说三分钟",关于这本书的一切内容都可以和同桌交流分享。接下来就是"乱写问题",把不明白的地方提出来,这时候如果处理学生提出的问题就会有麻烦,一是问题太多、太零散,二是可能会有假问题,三是问题质量不高。接下来,让学生把组内的所有问题进行汇总,每个小组只能提交两个问题。学生进行讨论时,看哪些问题是值得提出的,然后,让全班推选两位同学到讲台前读这些问题。

(二) 基于班级读书会——读整本书的具体策略

1. 建立整本书阅读的课程体系

(1) 学校为整本书阅读提供条件支持

学校将"阅读课"作为校本课程并纳入每个班级的课时安排,选取适合各个年龄段学生阅读的课外书籍,教师科学地指导学生进行整本书的阅读。学校购置专门图书,建立书单,师生选书,学校购书,减轻学生购书的压力,保证人手一本书,为师生共读整本书提供条件。

(2)教师、家长在整本书阅读中各司其职

教师要区别对待阅读整本书和单篇课文。教师首先应该认识到二者的不同,并采取与单篇课文不同的方法指导学生阅读整本书。教师要明确要求,监督学生的阅读效果。教师在指导学生整本书阅读时,不能仅仅是布置读书任务,而是要提出具体的要求。就家庭而言,需要广大家长的支持、配合与监督,同时留给孩子时间让其进行阅读。

(3)借助班级读书会,推动整本书阅读

通过班级读书会读整本书有利于深度阅读,为个体交流提供丰富的资源,使学生的体验在交流讨论中得以升华。通过班级读书会读整本书有利于学生进行情感的交流。

2.建立整本书阅读的阅读指导体系

(1)确定选择书目的标准

选择的书目必须是经典作品、符合儿童的作品,分层分阶段推介。

(2)探索整本书阅读活动的模式

通过班级读书会读整本书,实现共读对话。在每天中午到校后利用半小时时间,全校师生共同读书,师生每月共读一本书,读书中按整本书阅读的"阅读—讨论—练习"的模式进行。

(3)总结出整本书阅读交流的基本课型

在整本书阅读实践过程中,通过上阅读实践课,总结出整本书阅读交流的基本课型,如推荐新书好书课、汇报交流课、读书方法指导课、经典诵读课、阅读指导课等。

3.建立整本书阅读的评价体系

对整本书阅读的评价,教师所有工作的重点都应该指向学生,把教育教学思想变为学生的实际能力,对学生整本书阅读的情况进行评价,使阅读更有效果。此种评价以考查学生阅读进展的质性评价为主,减少对所读书籍的量化评价。

(1)考查阅读的速度

学生在整本书阅读之前,对阅读时间要有整体规划,教师要有速度方面的要求,让学生有时间读,充分地读,并沉浸在阅读的愉悦中。

（2）在班级讨论中看阅读深度

在班级讨论中，关注学生提出的一些无法解决的问题、一些读后感、对某一方面的见解。教师对以上问题表现进行诊断，有针对性地研读，对学生进行帮助、点拨，解决阅读中的困难、障碍，使阅读不仅仅停留在文字表面，更要推进阅读的深度。

（3）展示阅读成果

学生通读完一本书后，在研读的基础上会有自己独特的体验，可以通过一些个性化的文化产品来展示，如用摘录好词好句、写读后感的方式汇集成读书笔记；将好词句、好的段落做成朗读音频分享；给某一人物进行对话配音；对文章中的有些内容可以补充插图，或者根据自己的理解给书中人物画像；对故事情节整理做成思维导图；对好书做介绍卡、宣传海报。教师鼓励学生展示自己的阅读成果，进一步考查学生阅读能力的发展提升。

良好的阅读习惯是孩子一生的财富，著名作家麦家说过："读书的长度是需要锻炼的，当你每天多增加一点阅读量，你自然会习惯，你的人生就会慢慢变得厚实，你的内心就会变得生动、善良、细腻、美好。"让读书成为一种自觉的行动，成为一种习惯，在阅读中收获快乐，在阅读中收获成功。

二、整本书阅读研究课

整本书阅读主要是学生在课下自主完成的，教师指导要在学生独立阅读的基础上进行。全过程指导中的"研读"环节更适合用研究课的形式推进。一般来说，指向深度阅读或问题解决的整本书阅读研究课，针对同一本书建议上1—2节课，讨论1—2个关键问题，集中解决1个问题，引领学生在广泛交流的基础上深度思考。整本书阅读研究课要重点解决学生阅读中的关键问题，在十几年的教学实践过程中，笔者认为学生阅读过程中的关键问题涉及找到并巩固阅读路径；发现阅读盲区，读出独立阅读难以发现的内容，丰富阅读发现与阅读体验；关注精神成长，让整本书阅读真正引领学生未来发展的方向。三个关键问题也是确定整本书阅读研究课教学内容的三个重要方面。

(一)探索阅读路径

不同类型作品的阅读路径有所不同,探索不同的阅读路径是整本书阅读研究课的重要教学内容。

1. 分类梳理,探析作品主题

在阅读活动的设计上,适宜选择"贯通性"的阅读任务,可以选择同一位作者的作品集,对作品集内的小说建立联系,从对单篇小说故事的关注走向对整本作品集主题的深入思考。帮助学生在逐篇阅读文本之后,借助分类梳理,探索各篇之间的内在联系。阅读任务的呈现大体沿着从事实到主题的路径:梳理事实内容—勾勒情感变化—探究主题深度。

2. 分层联结,走进精神世界

《人类的群星闪耀时》(*Decisive Moments In History*)是奥地利作家茨威格的代表作之一,被称为"传记轻骑兵"。茨威格从悠久的历史中选择14个重要时刻,这些时刻"对世世代代做出不可改变的决定,它决定着一个人的生死、一个民族的存亡甚至整个人类的命运","这种充满戏剧性和命运攸关的时刻在个人的一生中和在历史的进程中都是十分难得的;这种时刻往往只发生在某一天、某一小时甚至常常只发生在某一分钟,但它们的决定性影响却超越时间。在这里我想从极其不同的时代和地区回顾群星闪耀的某些时刻——我这样称呼那些时刻,是因为它们宛若星辰一般永远散射着光辉,普照着暂时的黑夜"。阅读这样的人物传记,能够帮助初中生了解欧洲的历史,在人生哲学的层面思考问题。怎样才能帮助学生经由合理路径走进茨威格的精神世界?可以设计三个层次的联结活动:

(1)回顾一个瞬间

这个任务是"轻量级"的,旨在帮助学生回顾全书的14篇传记,形成完整的认识。全书目录涉及的人物如下:到不朽的事业中寻求庇护(巴尔沃亚)、攻克拜占庭(穆罕默德二世)、亨德尔的复活(亨德尔)、一夜之间的天才(鲁热·德·利尔)、滑铁卢的一分钟(格鲁希)、玛丽恩巴德悲歌(歌德)、黄金国的发现(苏特尔)、英雄的瞬间(陀思妥耶夫斯基)、越过大洋的第一次通话(菲尔德)、逃向苍天(托尔斯泰)、夺取南极的斗争(斯科特)、封闭的列车(列宁)、西塞罗(西塞罗)、威尔逊的梦想与失败(威尔逊)。

在这14个人物中,学生更为关注前面几位人物,他们的表达大多能够抓住"关键时刻",描述自己对那一时刻印象深刻的原因。比如,关注格鲁希的拘泥与优柔寡断,关注菲尔德的执着与坚持,关注西塞罗对自由的追求与坚守,等等。

(2)建立一组关联

在这个阅读阶段,建议学生选择两个以上的人物,探寻他们的共同之处,用一个词语概括他们的共同点,分别列举事实支撑自己的观点。学生的观点如下:坚守,亨德尔对音乐事业的执着,菲尔德为实现"越过大洋的第一次通话"的数年努力,斯科特对探险事业的追求都体现出绝不放弃的坚定;反思,陀思妥耶夫斯基面临死亡转变了自己的思想主张,歌德面对少女的拒绝重新开启了创作的新辉煌;良知,托尔斯泰面对大学生的指责决定守卫良知,按照自己的理想生活,西塞罗面对危险的处境依然捍卫共和国的自由,威尔逊的妥协充满无奈,也充满对人类良知的探求;救赎,亨德尔借助音乐实现了自我救赎,托尔斯泰用"逃向苍天"的举动表现自我救赎的渴望……

收集学生的观点后,采用"有收敛的讨论",帮助学生打通各组的观点,寻找"上位概念",最终确定"德行""良知""意志""反思"四个关键词。这四个词语已经比较接近茨威格对自己创作目的的描述了。

(3)形成一个认识

聚焦上述四个关键词,组织学生讨论:茨威格认为什么样的人是人类的"群星"? 他们"闪耀"的时刻有哪些特点? 要求学生用作品集中的句子回答。

3.建构图式,聚焦创作主张

虽然不同文集类型在阅读路径上都有一般规律与特殊方法,但并不能涵盖所有文集的特点,随着初中生阅读书目的开发拓展,还需要在未来的教学中讨论不同类型作品集的教学价值,基于教学价值探索新的阅读路径,帮助学生找到适合自己的阅读方法。

(二)立足阅读盲区

帮助学生看到独立阅读时看不到的内容,帮助学生在阅读过程中有更多的发现,生成更多的思考,是整本书阅读研究课教学内容选择的另一个重要方面。

1. 从单一形象到人物群像

整本书中一般人物众多,整体梳理作品内容,需要帮助学生在众多人物中看到类型,看到小说创作中人物群像的价值。

2. 从故事情节到文化内涵

每个人都是特定文化场域中长大的人,都是受到特定文化影响的人,身处不同的地域文化之中,应该怎样看待自己生活的地域,怎样看待地域文化给我们带来的影响?建议学生写一写自己身处的地域文化,反思自己受到的影响,思考地域文化与人的关系。

学生的"阅读盲区"表现在很多方面,比如对人物细微动作的忽视,对作品中环境描写的忽视等,教师要善于发现学生真实的阅读盲区,继而设计课堂教学,帮助学生回顾自己的阅读行为,反思自己的阅读心理,发现自己的阅读盲区并在未来予以重视。

(三)关注精神成长

关注精神成长不只是整本书阅读研究课的教学内容,也是读书会、工作坊共同的教学内容。教师要努力引领学生在书册内容和自己的生活之间建立起联系,充分发挥书册的教育价值和引导功能,帮助学生在阅读过程中实现自我反思、自我完善,借助阅读走向更好的自己。

整本书中的人物和故事常常能为学生解决自身问题提供路径与方法,教师可以设计一些"延时性"的活动,帮助学生在第一次阅读过程中找到成长的路径,并努力用一段时间将理论学会应用到实践中,在一个月、两个月甚至一个学期之后再设计研究课,帮助学生看到"知道"与"懂得"的差距,引领他们从"知道"走向"懂得",真正实现自我发展。

阅读《查理和巧克力工厂》(Charlie and the Chocolate Factory),学生讨论查理成功的原因,很容易发现他有抵抗诱惑的能力。文中有这样的描述:一年当中,只有在过生日那天,查理·巴克特才能尝到一点儿巧克力糖。全家人为了这个特殊的日子,把他们的钱省了下来,等这个重大日子一到,他们总是送给查理一块小小的巧克力糖,全归他一个人吃。每次在美好的生日早晨收到这样一块巧克力糖时,查理总把它小心地放在自己的一个小木盒里,宝贝得像是一根金条。开头几天他只是看着,从来不去碰它,后来实在忍不住了,他才把包糖纸的一角拉开一点点,露出一点点巧克力糖,然后轻轻地咬一点点,只让那可口的甜味足够在舌头上慢慢地散开。第二天他再咬一点点,第三天又咬一点点,一天天这样一点点咬下去。用这个办法,一小块六便士的生日巧克力糖,查理可以吃上一个多月。

这段描写充分体现了查理"延迟满足"的品质,巧克力是查理最爱吃的食物,终于得到向往已久的巧克力,他没有不顾一切地一口吞掉,而是用强大的自制力严格地规划和执行吃巧克力的节奏,把这美妙的享受时光延长到了一个多月。"第一块棉花糖"源自查理能用强有力的理智要求自己,促使他做到这点的是严格的规划和执行力。"每天只咬舌头能品到味道的一点"有多少? 可以让学生试一试,几乎等于没咬。在阅读和体验中,学生能够突出地感受到,像查理那样自律,说起来容易做起来却很难,而这一重要品质也是他最终获胜的最主要原因。教师可以设计一个"一个月以后见"的实践活动,请学生列出最具诱惑力的物品或者行为,在一个月的时间里记录自己控制这种行为的过程以及结果。一个月以后在研究课上组织展示——谁做到了? 怎样才能做到? 帮助学生看到做到的困难,从阅读收获走向行为改变。

再如《爱的教育》中有很多需要学生学习的美好品德,有很多需要学生践行的行为细节,阅读《爱的教育》,可以在读完之后请学生选择自己觉得最值得学习的人物,给他写一封信,说说他教会了自己什么,然后列出自己的行动计划。教师把这些信封存起来,三个月以后组织研究课,把这些信发还学生,请他们回忆三个月之前自己的感受与计划,描述三个月之中自己付出的努力以及现在发生的变化。这样,让《爱的教育》不只停留在阅读阶段,而是真正走进学生的生活,学生不只被感动,而且被改变,真正受到爱的教育。

自然阅读是逐渐受到浸润的过程,不刻意追求心智改变,但心智改变慢慢发生。学校背景下的阅读有着更为明确的教育目的,期待在学生受教育的最佳时机用阅读引领他们心智的改变。

第六章 初中英语整本书阅读教学在"互联网+"时代的应用策略研究

第一节 "互联网+"时代整本书阅读在双课堂的应用

一、浅谈互联网

在当今社会,人们对互联网都很熟悉,因为互联网已经融入了我们平时的生活,无论是工作还是休闲,我们现在都会依赖互联网做一些事情。可以说"互联网"是一个平台,这个平台上有丰富的资源;"互联网"是一个交流场所,可以轻松实现来自天南地北的人群之间的实时交流;"互联网"还是一个学习工具,在互联网的基础上进行一些知识的学习,可以轻松提升自己的基本技能,所以互联网因为其即时性、丰富性、灵活性、开放性、便捷性等特性,嵌入到我们的生活之中,成为我们工作、学习的一部分,不可分割。[①]那么如何有效地借助互联网的优势,将其融入课堂教学之中呢?

二、双课堂相关概述

(一)双课堂概念

双课堂,顾名思义就是有两个课堂,即一个在实体课堂,我们称为线下课堂;一个是虚拟课堂,我们称为线上课堂。一般来说,线下课堂(实体课堂)中更需要关注学生的团队合作,引导学生在合作中讨论交流,深入理解所学知识。线下课堂是依托线上课堂来进行开展的,通过对线上课堂反馈的"大数据"的统计、分类、归纳,设计开展的线下教学,目的是引导学生面对面地讨论交流,分享自己的想法,进行思维观点的碰撞,促

[①] 杜秀萍.探究网络教学环境下的初中英语名著阅读[J].新课程(中学),2019(9):98.

进学生对一些探究问题的深入理解,逐步形成并规范学生的思维,从而提升学生的思维能力;线下课堂(虚拟课堂)是依托在互联网平台的基础上进行的,学生在互联网平台中围绕一个话题(问题),通过文字等方式进行交流和讨论。教师需要引导学生通过自主学习活动,对所学内容、知识进行了解、学习,提出自己的学习问题,或者解决他人提出的学习问题,依托互联网平台搜索、甄别、挑选解决问题的相关资源,然后组织信息,并形成自己的理解。学生之间不能面对面地讨论交流,但是可以通过网络平台进行交流,可以随时随地对一个话题在网络上进行持续的探讨。教师在网络平台中组织并引导学生进行讨论,提供学习、探究的方法,把控学生探讨和学习的方向,培养学生自主学习的能力。线上课堂打破了传统教学的方式,借助互联网开展教学,从而形成一个"虚拟课堂",在这个课堂中教师依旧可以引导学生讨论分享,逐步形成学习成果。

在线上课堂中,教师可以依托互联网引导学生进行深入学习前的预热,通过一些讨论问题的设置,充分进行学情的调查,掌握学生学习状态的第一手资料,然后进行更有针对性的教学设计。当然,在线上教学的过程中,学生在互联网平台进行交流和讨论,一些精彩的发言、观点都可以长期保存在网络中,可以随时翻阅,也有利于学生反复梳理和熟悉,从而形成学习过程的轨迹,可以实现教学过程与讨论过程的静态展示。

双课堂的教学形式展现为线下课堂和线下课堂相互组合进行的,但是更需要教师在立足互联网平台的基础上,形成一种"线上线下教学"的教学思维。双课堂的运用,关键在于教师要建立起实体课堂与虚拟课堂两种课堂相互配合与灵活转化的思维。双课堂在某种形式上是翻转课堂的进一步灵活发展,其固定学生互联网活动的场所(如同一个网站、同一个论坛、同一个APP等),学生可以在互联网的平台上同时参与一些问题的讨论,可以持续探究或者追踪一类学习内容。双课堂首先是为学生创建一个互联网交流场所,通过课前的充分预热,激发学生学习的兴趣和热情,引导学生深入探究学习内容;然后学生回到实体课堂,在课堂上面对面充分交流、探究、辩论、质疑,发挥学生的主动性,使学习成为学生交流、讨论的需要,不断形成学习成果,不断分享感悟,形成学生主动学习的习惯,最终提升学生的学科素养。

双课堂教学的关键在于"线上线下课堂"关系的配合和转化,当教师逐步形成双课堂教学思维后,教师抓住学生的兴趣点,在虚拟课堂中发挥学生的主动性,促使学生在互联网平台就进行思考,同时发挥互联网资源平台的优势,立足互联网进行主动学习;在实体课堂,教师同样引导学生进行充分的交流,不断提升认知维度,形成学习能力。

(二)双课堂在初中英语课堂中的重要性

"双课堂"是基于网络教学平台搭建的"虚拟课堂"与"传统的现实课堂"相结合的一种教学模式,也被许多人称为"智慧课堂"。"双课堂"教学强调以学生为主体,突破以往传统课堂教学的诸多限制,使学生学习更具有选择性和交互性,为学生自主学习、深入探究提供了可能性。它突破了传统课堂的时空限制,打通课上课下、衔接校内校外,实现传统环境下难以实现的参与式教学、个性化教学,并支持教师开展多种创新教学模式。

在以往的传统英语课堂教学中,教师与学生之间的教学关系是"我讲,你听;我写,你抄"的教学方式,简单又枯燥。而双课堂模式下是"以学定教",即通过信息化手段采集和分析学生的学习情况,有针对性地进行教学。我们抓住英语学习的核心要素,在"双课堂"背景下尝试建构课型普适度高、可操作性强、便于灵活组合的教学模式,并尝试在不同的课型中应用,真正推动英语深度学习的开展。

双课堂最大的优点就是让学生能够在空间自由、时间自由的情况下自主学习。通过网络平台解决了学生在传统环境下不能解决的问题。双课堂极大地拓宽了学生的学习界限,其在课前、课中、课后都可以开展自主学习。利用双课堂这个平台,教师可以让学生进行课前的自主预习,再根据学生的预习情况来调整自己的课堂内容和课堂结构。传统教学中教师布置预习任务后,学生是否进行了预习,预习中遇到了哪些疑难问题,教师很难及时获得这些信息,不清楚学生的疑难在哪里,就导致教师的教学针对性不强,教学效率低,教学效果不好。双课堂教学模式下,教师课上就可以重点讲学生不会的内容,而学生因为提前预习了,带着问题来学习,更容易把握课堂重点,这样就大大提高了教师教学的效率和学生学习的效率。

三、整本书阅读在双课堂的应用

在英语教学中,整本书阅读受到多方的重视,但是实际教学过程中,英语老师却遇到了前所未有的困难。平时的英语课课时有限,怎样才能有效地进行整本书阅读的指导,学生在面对整本书时,尤其是面对经典名著时阅读兴趣不高,很难读下去。在布置学生进行阅读后,学生阅读的效果以及阅读的过程无法得到有效监控,即使是布置"圈点批注"的作业,也经常是"老师上有政策,学生下有对策",最终使整本书阅读流于形式。

如何引导学生对一本经典名著进行阅读?如何激发学生的阅读兴趣?如何有效地监控学生阅读的过程?如何深入引导学生理解名著作品的内容和主题?……一系列问题都在困扰着一线老师。

如果能够依托在互联网平台,借助双课堂的教学理念与形式,开展双课堂的整本书阅读教学,通过整本书专题阅读的方式,将整本书阅读教学活动的主体引导到线上课堂,就可以解放线下课堂的课时,形成有效的整本书阅读指导。即通过双课堂的教学实现整本书阅读教学的有效开展。

四、聚焦双课堂整本书阅读教学的关键

(一)学情前测

在进行双课堂教学时,通过线上课堂对学生进行学情的前测非常关键。在进行线上课堂的前置学习内容时,可以通过"内容理解式"的一些问题以及学生解题的情况来进行数据的分析和归类,确定后期教学以及线下教学的重点;可以通过引导学生就整本书的内容提出疑问、困惑,展示自己的问题,然后确定后期的教学以及线下讨论探究的重点;还可以通过学生线上作业的情况,来确定后期的教学重点,或者是通过学生投票的方式,来确定后期的教学内容;等等。总之,双课堂教学通过前测来激发学生阅读整本书的兴趣,并且参与到英语教学之中,体现出学生的主动性,抓住学生感兴趣的问题进行分析和探究,增加学生阅读整本书的成就感。

(二)教学活动设计

双课堂教学的过程,因为是线上线下课堂教学的组合,所以教学活动需要教师进行精心设计。整本书阅读中活动设计的目的是发挥双课堂优势,通过线上线下课堂的活动组织,来突破难点,落实重点,实现深入阅读整本书的目标。

(三)关注学生,实现有效教学

双课堂教学中,教师尤其需要关注学生。线上课堂中要及时关注学生的发言及讨论的焦点,线下课堂中也要关注学生的状态,只有密切关注学生,才能实现有效教学。

1. 关注学生兴趣点

在双课堂教学过程中,无论是线上课堂还是线下课堂,都需要紧紧抓住学生阅读整本书的兴趣点,然后开展教学设计。通过学生的兴趣点、关注点,引导学生反复阅读整本书内容,深入思考整本书的内涵,从而潜移默化地提升学生的英语能力。

2. 关注学生冷场点

在双课堂教学中,学生并不是对所有的问题都可以进行充分的讨论和分享,有一些问题比较隐蔽,学生没有关注到的;或者有一些问题难度大,学生无法迅速展开讨论的,这些方面都是双课堂教学中的"冷场点"。这些"冷场点"往往折射学生学习的真实状态,需要教师特别关注,教师可以引导学生借助互联网平台,补充相关的知识,开阔思路,然后开展讨论;或者教师同时设置阶梯式的探究问题,引导学生一步步探究出答案。总之,在整本书阅读中也会出现一些大家没有关注的"冷场点",这时候恰恰需要教师抓住契机,重点进行教学设计,只有这样,学生才能收获更多。

3. 关注学生思维路径

在双课堂教学中,线上线下课堂都是需要学生频繁发表自己的看法的。在学生表达过程中,教师需要关注学生思维路径;在学生探究、思考的过程中,教师需要给学生提供思维的方式方法,或者引导学生学习不同的思维方式,并在讨论中借助学生不同的思维路径进行探讨乃至辩论,梳理思路,强化学生对名著内容的理解,同时也建立起学生独立思考的能力。

  双课堂教学通过两个课堂,为学生思维能力的培养提供了更丰富的空间。线上课堂锻炼的是文字表达的能力,相对内向的学生,有比较好的发挥空间;线下课堂锻炼的是口头表达的能力,相对外向的学生,会有比较好的发挥空间。但是无论是哪个课堂,教师都要在着力提升学生表达背后的思维能力,高度重视学生思维能力的培养,只有这样才能发挥双课堂教学的灵活性、主动性,学生交流互动的多样性,最终实现师生整本书阅读共同体的形成。

  面对双课堂,我们不仅仅要将其看作是一种教学形式,更要把双课堂作为一种教学理念,融进自己的常规教学之中,或者在疫情防控期间的教学过程中,系统地培养学生英语读写能力,提升学生的英语素养。

第二节 "互联网+"整本书阅读教学策略的研究

  "互联网+"整本书阅读,是指对传统的阅读内容及教学形式互联网化,通过大数据的分析与整合,将开放、平等、互动等网络特性运用在阅读中,通过一系列的活动设计,辅助学生细读文本、内容重构、前后勾连,深入地理解作品内容,优化整本书的阅读教学模式,以多种课型为样例,为学生进行整本书阅读提供启发和思路,增强学生读书的动力并提升读书效益。

一、互联网背景下初中英语整本书阅读的必要性

(一)互联网背景下线上与线下混合式教学发展的必要性

  当前教学模式是"互联网+"背景下,采用线上与线下混合式教学模式。慕课与微课的形式提供更为丰富的学习资源,通过师生互动交流、总结,让学生实现知识逐渐内化的目标。同时根据学生年龄不同,引进更多优秀的学习资源,为学生提供更为有针对性的学习模式,比如,学生可以根据自身学习兴趣、喜欢的授课风格等开展个性化学习。互联网时代下,可实现学生的"定制化"学习。混合式教学模式充分体现了学生的

主体地位,还能加强教师的能动性。教师在进行教学时可以抛砖引玉,让学生独立思考,发挥自我潜能。尤其是在互联网背景下的教学中,教师更多的是扮演一个引导者与指导者角色,能在最大限度上激发学生自主学习。[1]

(二)当前初中英语整本书教学现状反思

统编教材在编排上致力于培养学生的阅读能力,结合中学生阅读实践,引导学生不断感受与理解、欣赏,获得有用的阅读策略,让学生在阅读活动中学会独立阅读。但是,大部分经典名著字数多,情节多线,人物脉络错综复杂,对于初中生而言,阅读起来难度大、时间长。如果阅读方法陈旧,读书指导上又缺乏有力的指导,与此同时,电子读物传播便捷,可以带给学生更多的视觉冲击力,这些都容易导致学生对整本书阅读的兴趣并不高。

(三)"互联网+"给学生整本书阅读带来帮助

随着"互联网+"在教育领域的兴起,越来越多的人选择"互联网+"教育,尤其是学生已成为互联网使用的主体。我们教师可以引导学生利用碎片化的时间来阅读整本书;同时,也可以利用"互联网+"来了解学生的整本书阅读情况,加强阅读过程指导、读后交流等方式为学生阅读提供有益的帮助。

(四)"互联网+"给教师指导学生进行整本书阅读带来帮助

在以往整本书阅读教学过程中,教师虽然居于主体和中心地位,但因为缺少让学生真正深入到整本书阅读的多样化教学方法,学生的积极性很难被调动。而在"互联网+"背景下的整本书阅读情景下,学生在整本书阅读中处于中心和主体地位,学生的学习积极性能够被很好地调动起来。"互联网+"能够帮助教师突破时间、空间内容等限制,给学生提供多元化资源,满足学生的学习需求。

---

[1] 宋泰松,包华龙."互联网+"在"整本书阅读"中的应用策略[J].家长,2019(8):185.

二、"互联网+"整本书阅读教学模式

(一)线上线下混合阅读模式

"线上"指的是采用的网络授课平台以及网络阅读软件和交流软件,比如钉钉、QQ群课堂等,这些软件实用性更强,操作简易、教学成本较低、反馈及时。但线上教学也有弊端,在直播时师生之间、生生之间的直接交流很不方便。"线下"指的是日常的、以教师讲授为主的课堂教学,比如:课堂教学多媒体化的"CAI"模式,"CAI"+微课+慕课等主辅结合的"整合"模式,基于动态学习数据分析和"云、网、端"应用的新型信息化的"融合"模式。这些模式的运用,能够让教师将很多优质的资源呈现在课堂上,丰富学生对整本书阅读的理解的认知,能够引导学生在阅读实践中逐步形成良好的阅读方法、能力、技术与习惯。线下课堂是线上课堂的延伸与补充,能够让教师与学生对于存在的问题和疑惑直接交流,教师能实时关注到学生的学习状态并作出调整。

(二)课内外阅读相结合模式

整本书的阅读需要一定的时间,教师需要在"整"字上下功夫。比如在"快乐书吧"中要求学生选定相应的书目后设计阅读目标,提前给足学生在课外阅读的时间(一般是一个月);在学校午读时间(每天约20分钟)用来读所选定的书目,教师要及时了解、提醒学生阅读进度;在课外阅读中,师生可运用互联网技术就整本书阅读交流一些阅读感受,或选取他人的优质解读,促进阅读有进度、有深度;在课内阅读专题交流课(一般3节)中,教师精选交流内容:故事讲述了什么内容,故事中的人物形象,曲折的故事情节,个人的阅读方法、感受等。课内外阅读相结合,保证了师生对整本书的内容比较熟悉,交流时能够比较顺畅,容易让学生形成较好的阅读体验和习惯。

(三)每月专题阅读课交流模式

定期开设整本书阅读的专题活动能够检测学生的阅读进度,唤起学生对于阅读的深度体验,每次的活动主题可以定为同一本书的不同方向。比如,教师在进行某一整本书阅读教学时,首先,在网络上发布阅读目标和阅读计划,即要求学生将课内阅读和课外阅读相结合,进行充分

阅读;其次,在互联网阅读平台中引导学生理清整本书的结构和主线,强调阅读方法,帮助学生掌握梳理整本书的内容及主线;最后,选取学生最喜欢的人物或者片段,利用专题活动来进行深入的分析,在交流课中教师可以利用互联网技术为学生寻找各类(文字、图片、视频等)资源,使学生对书目中人物和情节的理解更加深入。

(四)整本书阅读课堂教学模式

阅读交流是整本书阅读课堂教学的核心。根据不同年段、不同目标的整本书阅读教学要求,整本书阅读课堂可以分为导读、推进、交流三类教学模式。

1. 整本书阅读"导读模式"

整本书的导读,起始阶段要吸引学生阅读的兴趣,可以是插图、音乐、视频,也可以是介绍作者,还可以联系生活等。通过引导学生的感知,唤醒学生的生活经验,触发学生的阅读欲望。老师利用互联网技术遴选好相关优质资源,将相关书目介绍给学生,激发起学生的阅读兴趣。

2. 整本书阅读"推进模式"

在整本书阅读过程中,教师需要提供一次或几次帮助,为有困难的学生进行支持,推进学生自主阅读的不断深化,帮助学生习得阅读策略,提高阅读效率。

推进课上,通过设计阅读单了解学生的阅读情况,梳理书中的人物或者书的梗概,可以让同学们说说阅读时对书中人物的感受,比如人物心理、所处环境、细节,作品所要表达的主题等,让学生用思维导图的形式将故事情节、人物关系等串联起来。在此基础上再深入一点,要求学生关注情节与人物之间的关联变化,通过阅读单的支架引导学生发现人物形象的特点,从而加深学生的阅读体验。

3. 整本书阅读"交流模式"

整本书阅读的第三个阶段核心是"汇报、交流、分享",这不仅是对书目内容、写作特色的探究,还要引导学生能够对书目的故事情节、人物形象、表达主题等进行全面回顾、总结和提升,引发思考,给予学生启迪,促进学生的自主表达。

（1）情节交流模式

事情的发展主要是由情节推动的，针对故事类（童话、寓言、民间故事）、小说类的书目可以展开情节交流。

（2）人物关联模式

无论短篇故事还是长篇小说，一本书中往往有很多人物形象，各具特点，有时人物之间的关系还很复杂，可以以人物为关联进行交流。

三、"互联网+"整本书阅读教学现状

（一）语言环境创设不当

英语整本书阅读教学工作在开展时，存在语言环境创设不当的问题，具体可以通过以下几个方面来了解：

第一，部分教师在初中英语教学设计时，不够重视阅读教学工作，没有设置专门的时间进行阅读教学，学生在阅读时，没有足够的时间分析书籍，对内容的了解不足，无法达到预期的阅读教学目标。

第二，部分教师在创设语言阅读环境时，没有积极组织开展各类阅读活动，在阅读设计时，课堂氛围不当，学生无法快速进入到名著阅读氛围当中，直接影响教学效率。为了转变这一现状，推进英语整本书阅读教学工作进一步发展，还需要教师在整本书阅读教学设计时，结合学生的阅读教学现状进行语言环境创设，构建良好课堂教学环境。

（二）抑制学生思维培养

现阶段英语整本书阅读教学工作中，教师过于抑制学生思维培养，使学生的英语思维能力没有得到激发，这是由于：

第一，部分教师在讲解内容时，还在应用传统教学形式。实际开展的整本书阅读教学工作中，存在教学设计形式不合理的问题，学生在课堂中没有足够的自主分析时间，在课堂学习的过程中难以形成良好的自主分析意识，难以形成良好的学习积极性。

第二，教师在教学设计时，没有将学生作为课堂主体，学生仅被动地学习课程内容，对后续的英语阅读教学设计质量有直接的影响。为了提高英语整本书阅读教学综合质量，教师可以积极主动地转变课堂主体，从学生的角度出发进行教学内容设计，保障学生能够积极主动地参与到

课堂当中。

四、"互联网+"整本书阅读教学设计策略

(一)优化语言学习环境

英语整本书阅读教学设计工作在开展时,为了进一步提高阅读教学设计整体质量,需要教师优化语言学习环境,具体可以通过以下几个方面来了解:

第一,教师可以先明确英语阅读教学标准,之后结合学生的英语阅读课程学习情况进行学习环境设计。例如:教师可以先确定整本书阅读教学课时,之后进行书籍阅读资料查找,在为学生讲解书本时,先为学生展示相关书本资料,之后进行阅读课程内容讲解,保障学生能够在良好的课堂环境下积极学习,逐渐养成良好的整本书阅读学习意识。

第二,教师在优化语言学习环境时,为了提高优化高效性,可以在一段教学工作结束后进行教师教学成果调查,及时发现现阶段教学工作中的不足,并进行教学模式调整,保障这一阅读教学工作具有完整性与高效性,能够为后续的阅读教学设计奠定良好基础。

(二)融入多媒体技术

在开展英语整本书阅读教学设计工作时,教师可以将信息技术融入课堂教学当中。

第一,随着信息技术的不断发展,多媒体技术已经逐渐融入人们的生活、工作当中,为人们带来一定的便利,为了提高初中英语整本书阅读课堂教学整体性,教师可以在备课时利用多媒体技术查找相关资料,并制作完整的教学课件;在授课的过程中,先为学生展示这部分内容,保障学生能够在不断的课堂学习中对整本书内容有更加深入的理解,并且在这样的教学氛围下,学生能够积极主动地参与到课堂学习当中。

第二,教师在应用多媒体技术时,为提高教学设计的高效性,教师可以共同进行资料查找、制作多媒体课件。例如:初中管理人员可以组织开展英语教师会议;教师共同进行多媒体资料查找;共同探究英语整本书阅读教学形式;讨论多媒体技术应用到教学方法中的策略等,保障这一教学工作具有完整性,使学生在学习的过程中能够对整本书内容有更深入的了解。

(三)设计课堂教学环境

为了进一步提高英语整本书阅读教学设计整体质量,可以进行教学环境设计,具体可以通过以下几个方面来了解:

第一,教师在调整课堂教学环境时,为了提升课堂教学的效果,管理人员可以组织教师开展听课活动。英语教师可以深入到不同班级的整本书阅读课堂当中,记录这一课堂教学中的优点与不足,在教学工作结束后与这一教师沟通,引导教师了解自身教学现状,保障英语整本书阅读的效果,从而让教师更加重视阅读教学工作。

第二,教师在优化课堂教学环境时,为了提高阅读课堂教学的整体性,可以构建良好的课堂教学氛围,通过装饰、图片、音频、视频的展示构建良好的阅读教学环境,保障学生都能够积极主动地参与到课堂学习当中,提高学生的课堂参与积极性。

五、整本书阅读中"互联网+"的应用策略

(一)任务驱动整本书阅读策略

在传统的整本书阅读中,教师的教学工作和学生的学习交流大多数局限于课外。在整本书阅读过程中教师缺少必要的监督及评价,学生也缺少交流谈论的时间,这样教师的指导和学生的学习效果都不理想。而"互联网+"在整本书阅读中的应用,给教师和学生多样化交流方法。例如,在宁夏回族自治区教育厅与企业合作开发出"云校家"手机APP,教师可以通过"云校家"线上平台设计出所要进行整本书阅读的任务清单。任务清单中有阅读时间、章节分配计划、阅读心得提交计划等。学生在规定的时间内完成规定内容后,把自己手写内容拍照,通过"云校家"APP上传到个人网络空间及班级空间中。教师可以利用"云校家"平台观测学生阅读进度和作业上传情况,并对上传内容进行评价。教师通过帮助学生设计清单来助力他们开展整本书阅读,通过这样的任务驱动型的阅读,学生整本书学习效果就会大大提升。

(二)微课制作指导整本书阅读

微课因其针对性强、制作简单、短小精悍、反复学习等特点,受到世

界范围内众多学习者的追捧,因此,"互联网+"在整本书阅读中有效应用,还可以从整本书阅读的微课设计和使用入手。教师利用已有的互联网平台:微信群、云校家平台等为学生提供微课指导;教师通过整本书阅读导读微课、人物关系微课、作者简介微课等为学生提供有效阅读方法的微课来降低学生整本书阅读的难度,使学生更好地完成阅读任务。

(三)线上互动交流整本书阅读

在"互联网+"背景下,学生除了在教师组织课堂中和别人进行交流分享外,还可以将阅读心得写出来,通过线上平台与同学分享。如:可以通过面向全体开放式的"人人通"平台,把阅读的摘抄、心得、思维导图等与其他人交流,突破了传统教学方式,有效弥补了传统课堂上教学信息小、学生语文能力提升慢的缺点,与传统课堂教学中的交流相比,学生更乐意通过网络进行交流。教师不仅应该有目的、有计划地组织学生对所读的书的某一部分或整本书进行互动讨论,而且还要对学生所提出的问题进行及时答复或组织学生讨论,这样就能把阅读感受的交流过程与互联网有机结合,能够有效打破整本书阅读的时空限制,使师生双方在互动中共同共长。

第三节 基于互联网环境的整本书阅读生活化探究

一、网络环境下整本书阅读生活化的现实意义

(一)整本书阅读生活化指导可提升网络时代阅读质量

现在不仅是年轻人,甚至是中老年都会长时间地通过手机网络来了解外面的世界,一方面多媒体的阅读方式拓展了阅读视野、带来了阅读自由、提高了阅读效率;另一方面一些不良信息伴随互联网的智能化和娱乐化同步而来,伴随浩如烟海的知识和信息而来的是阅读的随意性和盲目性。阅读耐性衰退、阅读习惯欠佳、浮躁与浅薄盛行都是由此而带来的弊端。学生读篇幅短、结构简单、内容逻辑弱的片段短篇相对容易,但精神的发育无法依靠浅阅读滋养,网络环境下长大的学生亟待有深

度、厚度与高度的阅读和与之相对应的阅读指导。在教师有效的指导和介入下，学生能够逐渐摆脱网络阅读的浮躁之气，学会耐下心来，充分调动阅读技术，能够从纷繁复杂的结构和内容中把握作者的思路和脉络，能读"大书"，会读"大书"，从而锻炼对阅读内容更强的信息提取能力，更强的分析综合能力，形成深度的思想和广阔的视野。因此，通过整本书阅读提高互联网时代下学生语言核心素养是一条可行之路。①

（二）借助互联网平台可破解整本书阅读的教学难题

在中学课堂实践中，整本书阅读完全依赖于课堂是难以实现的，而中学生课业负担重，课余时间疲于应对各科作业，阅读时长主动或被动地被压缩，阅读任务往往无法完成。虽然大部分学生会选择利用周末或节假日读书，但个体读书没有指导和规划，很多学生依然停留在阅读推进缓慢、过程粗放、兴趣单一、反馈缺失等浅阅读层面，使整本书阅读效率低、效果差。另外丰富的延展资源和深入讨论交流对提升整本书阅读效果极为重要，受限于教学课时和教师水平，这一方面的工作在日常教学中很难落实到位。因此教师可以转变教学观念，以更加开放、积极的态度思考如何在阅读教学中融入信息化元素，努力创造条件，利用好现代生活中常见的互联网平台，在假期推进整本书阅读活动，通过丰富的网络资源、便捷的互动平台、创新的指导活动充分发挥网络平台的积极作用，着力摆脱整本书阅读推行的困境。

（三）"互联网+整本书阅读生活化"可促进阅读观念

第45次《中国互联网络发展状况统计报告》显示：截至2020年3月，在我国网民群体中，学生比例最多，占比26.9%。《第十七次全国国民阅读调查》数据反映，数字化阅读方式（网络在线阅读、手机阅读、电子阅读器阅读、Paid阅读等）的接触率为79.3%，较2018年的76.2%上升了3.1个百分点。显然日常生活中，网络环境下，青少年生活方式和现代社会的阅读方式发生了重大变化。青少年学生是一个庞大的网络阅读群体，他们在生活中敏锐、灵活，善于接受新事物、乐于接受新事物，但是学生走入课堂，数字化阅读和网络化生活与传统的固化阅读教学模式就产生了矛盾。"日常教学中的数字化程度和网络化程度远不及生活中的数字化程

---

① 崔久云.基于互联网环境的整本书阅读生活化探究[J].教育信息技术，2020(11)：48-50.

度和网络化程度高","信息技术在教育领域发挥的作用落后于技术本身所提供的可能发展空间。"网络平台为学生的阅读和写作提供了越来越丰富的学习条件、工具和资源,而部分教师对纸质阅读的情结、对网络阅读的偏见、对信息技术的运用不足切断了整本书阅读与互联网融合的更多可能性。运用互联网平台,通过小组合作交流的方式指导学生完成整本书阅读,既符合互联网时代发展的潮流,又可以满足学生个性化阅读的需求,激发学生阅读的热情,提升学生的自主阅读能力和语文核心素养。

二、利用互联网平台进行整本书阅读的指导方式

(一)利用多媒体,提高教学质量

在传统的课堂教学当中,由于受到各方面条件带来的限制,致使英语教学水平很难获得提升。但随着信息技术的不断发展,为教学提供了有利的条件,因此教师在展开实际的教学时,需要对多媒体展开充分的利用。首先,教师可以借助微视频技术来进行教学,学生在展开英语阅读时,常常会因为不了解不同的语境,而造成对文章意思无法作出更好的理解。这时教师就可以借助微视频技术,以视频的形式将对话情境全都呈现出来,这样就可以让学生结合情境来对对话的内容作出更好的理解。与此同时,微视频技术不仅可以使课堂更具趣味性,使单一的教学模式得到有效的转变,创建出更加生动有趣的课堂,还能够调动起学生在学习上的积极性。当教师借助微视频来为学生展示教学内容时,就可以使其产生一种新鲜感,在这种环境下,学生就会对学习生出浓厚的兴趣。其次,教师在对学生进行具体的阅读教学时,还可以借助相关的英语学习软件。现阶段,随着互联网技术突飞猛进的发展,大部分学校也都在多媒体中设置了英语学习软件,从而使教学质量得到有效的提升,例如:学生在进行英语阅读时经常会遇到很多生疏的单词或者是句子,但是如果学生将这些不理解的词汇或者是句子放入到学习软件之中,就可以获取相应的解答,进而就能够让学习效率得到极大的提高。此外,教师还可以在日后的教学过程中利用更多的多媒体技术来对各项教学活动展开有效的辅助。

(二)转变教学方法

教师只有全面转变自身的教学方法,才可以让学生在英语阅读水平上得到有效提升。因此,就可以在以下几方面着手:

1.为学生创建出一个良好的阅读环境

轻松愉悦的学习环境可以使学生的学习效率发挥出事半功倍的效果,同时教师要不断改进传统的教学方法,将课堂的主动权与自主权交还给学生。例如:教师借助互联网收集一些阅读材料,以此作为辅助教学的材料;然后要求学生展开阅读并组成小组对所给材料展开全面的讨论。这样就可以让课堂呈现出比较热烈的学习气氛,使学生不再感受到压抑与紧张,从而能够全身心地投入学习之中。

2.教师需要传授给学生更好更实用的阅读技巧以及方法

当前大部分教师在进行教学时仅仅是为学生们设置阅读任务,并没有教授相关的阅读技巧,这也同样是学生阅读效率无法得到有效提升的影响因素之一。所以,教师可以要求学生在阅读前浏览全文,掌握全文中大致的意思,当完成以上步骤时就可以展开阅读,这样就会变得轻松很多。此外,教师还可以教授给学生猜测生词法,学生在阅读时必然会遇见很多陌生的词汇,因此学生就要学会结合具体的语境来对生词的意思进行猜测,通过这些方式就可以让学生对文章有比较深刻的理解。

(三)基于互联网阅读打卡,实现对整本书阅读指导

互联网时代,电子阅读书籍、微阅读兴起,一种新型"打卡"阅读方式,让人们借助互联网形式实现"深阅读"。首先根据年级不同可以在微信群、QQ群发起在线调查,从而有助于把握了解学生的阅读习惯、阅读方法、阅读兴趣等。教师可以规定学生每阅读多少内容就"打一次卡",也可以让学生完成当天阅读任务后打卡。师生借助阅读打卡明确阅读进程,监督自我阅读完成任务。

(四)借助思维导图,实现阅读教学最优化

思维导图是一种将思维形象化的教学方法,是一种运用图文并茂的形式来辅助表达图像式思维的工具。在阅读教学中,通过思维导图结合文字、图画、线条等,图文并茂地将一些课文中无形的思维具象化,将纯

粹单一性的文字进行梳理,同时有助于学生开展合作实践。随着阅读的深入,还能提高学生的自我探究能力,有效提高学生阅读质量,更重要的是能让学生学会独立思考。在整本书阅读教学后,每一个学生都需要设计一份关于这本书的思维导图,然后把绘制完成的思维导图通过拍照的形式,发表在微信群、QQ群里,然后互相比一比,看谁画得最好,画得最棒。思维导图既能让学生动手,也能让学生动脑,学生通过自己的思考,能创造性地形成自己的认知,加深对文章的理解,并从中感受到学习的快乐。同时,为了保证互联网线上课程的完整性与连贯性,可以逐渐对相应知识点细致展开,采取资源链接形式,把其中包含的与该书相关的英文知识、故事背景、原著各种音频和视频做成一个资源库,让学生根据自身实际进行选择,实行自主化学习。

(五)建构"家校融通"阅读模式,实现良好亲子互动

在互联网的线上与线下混合式学习模式下,搭建相关资源平台与学习支持系统,在一些具体环境中与整本书阅读教学活动有效融为一体,让学生开启阅读、思考过程。其中教师还可根据自己的需要进行实时有效监督,同时与学生在线上与线下课堂学习中进行有效互动,使之不仅仅是单线性的学习。在这个倡导"全民阅读"的时代,亲子阅读让学生与家长共同阅读书籍,交流思想,最终达到教师、学生与家长有效的情感交流与互动,改变传统初中英语阅读课堂的低效状态。

第七章　我国初中英语整本书阅读教学策略的创新模式研究

第一节　学习任务群驱动下的初中英语整本书阅读

一、学习任务群的意义

新版课标中出现了一个新的名词"学习任务群",课标制定者先将义务教育语文课程内容划分成6个学习任务群,然后又根据课程内容整合程度上的区别,将6个学习任务群分成了三个不同的层面。整合程度最低的"语言文字积累与梳理"属于基础型;整合程度高一点的"实用性阅读与交流""文学阅读与创意表达""思辨性阅读与表达"属于发展型;整合程度更高的整本书阅读"跨学科学习"属于拓展型。[①]

虽然这个名词是针对语文教学,但是对研究初中英语的整本书阅读,也具有相当重要的意义。

"语言文字积累与梳理",本学习任务群旨在引导学生在学习语言实践活动中,积累语言材料和语言经验,形成良好语感;通过观察、分析、整理,发现汉字的构字组词特点,掌握语言文字运用规范,感受语言的文化内涵,奠定文化基础。

"实用性阅读与交流",本学习任务群旨在引导学生在学习语言的实践活动中,通过倾听、阅读、观察,获取、整合有价值的信息,根据具体交际情境和交流对象,清楚得体表达、有效传递信息、满足家庭生活、学校生活、社会生活交流沟通需要。

"文学阅读与创意表达",本学习任务群旨在引导学生在学习语言的实践活动中,通过整体感知、联想想象,感受文学语言和形象的独特魅力,获得个性化的审美体验;了解文学作品的基本特点,欣赏和评价语言

[①] 宋明镜,许芳红.群文阅读:学习任务群实施的应然路径[J].江苏教育,2021(20):37-39.

文字作品,提高审美品位;观察、感受自然与社会,表达自己独特的体验与思考,尝试创作文学作品。

"思辨性阅读与表达",本学习任务群旨在引导学生在学习语言的实践活动中,通过阅读、比较、推断、质疑、讨论等方式,梳理观点、事实与材料及其关系;辨析态度与立场,辨别是非、善恶、美丑,保持好奇心和求知欲,养成勤学好问的习惯,负责任、有中心、有条理、重证据地表达,培养理性思维和理性精神。

"拓展型整本书阅读",本学习任务群旨在引导学生在语文实践活动中,根据阅读目的和兴趣选择合适的图书,制订阅读计划,综合运用多种方法阅读整本书;借助多种方式分享阅读心得,交流研讨阅读中的问题,积累整本书阅读经验,养成良好阅读习惯,提高整体认知能力,丰富精神世界。

"跨学科学习",本学习任务群旨在引导学生在语文实践活动中,联结课堂内外、学校内外,拓宽语文学习和运用领域;围绕学科学习、社会生活中有意义的话题,开展阅读、梳理、探究、交流等活动,在综合运用多学科知识发现问题、分析问题、解决问题的过程中,提高语言文字运用能力。

通过对各个学习任务群总体目标任务的对比,我们会发现,其共同点是都强调引导学生"在学习语言的实践活动中"实现知识、技能和思想情感,文化修养等多方面、多层次目标的发展。"语言实践活动"指什么呢?也就是"课程目标"的"学段要求"中涉及的四个方面,即"识字与写字""阅读与鉴赏""表达与交流""梳理与探究"。不同点是:每个学习任务群所涉及具体内容特点不同,所以指向的目标侧重点也就不同。例如,"语言文字积累与梳理"聚焦的是语言材料和语言经验积累所促成的语感发展,以及对语言运用规范的掌握,是为语言能力打基础的;"文学阅读与创意表达"聚焦的是文学作品的阅读鉴赏和文学表达的知识习得、能力培养。

二、基于学习任务群的初中英语整本书阅读

(一)任务型教学模式下初中英语阅读的教学特点

初中英语教师需要结合该课程特点设计教学目标和教学方案,同时

还需要联系学生学习特征设计教学任务,具体需要掌握以下几点内容:

第一,阅读教学属于一种系统化任务,为此教师开展教学工作前,应该合理制定相关计划,合理安排各种教学任务,保障教学效果。同时教师还需要对阅读任务具体时间进行合理安排,明确具体的阅读要求,及时总结各种阅读经验结果,为长期阅读教学打好基础。

第二,任务教学中,应该把初中英语阅读变成学生的日常生活,提高阅读内容的体验性,从而使学生情感、态度产生相应的变化,使学生充分认识到学习重要作用,能够进一步加深学生感悟,升华学生体验,形成有效的学习动机。

第三,在任务型教学过程中,应该明白学生的整个教学过程的主体,为此需要合理引导学生,结合自身教学经验,有效创建教学情境,联系教材内容,引导学生顺利完成阅读任务。

(二)任务型教学模式在初中英语整本书阅读中的有效应用

1. 趣味性教学设计

将任务型教学融入初中英语整本书阅读中,需要联系学生发展现实状况,合理设计各种学习任务,同时还需要适当提高学习任务的趣味性。相关阅读任务需要保障学生结束阅读学习后,可以获得各种有效信息,方便学生发现任务答案。引入任务型教学不但可以提高学生的阅读兴趣,同时还可以保证阅读效率,例如,教师在教授Would you mind keeping your voice down? 相关内容之前,可以给学生展示相关问题:如果自己身边的人发出较大的声响,从而影响到自己的工作,该怎样和身边的人进行沟通? 在教师提问后,学生便可以带着这样的问题进行阅读,并在阅读过程中,结合自身理解,寻找到问题的答案。教师设计相关任务的过程中还应该注重问题的层次性,结合班级内不同学生学习基础,设置适合的阅读任务,从而在英语阅读中进一步提升自身阅读实力,夯实基础知识水平。

2. 多元探究

初中英语教师想要进一步提高学生整体阅读实力,便需要结合学生学习特征,设计出各种针对性学习活动,从而促进学生在该种授课模式下,强化自身的阅读实力。教师可以通过多元方法进行英语阅读教学,参考其他教学活动,引领学生进行自主阅读学习,并在限制时间内顺利完成教师所发布的各种学习任务。教师需要给予学生积极的鼓励,在学生实施多元阅读探究活动的过程中,需要注意下面内容:

阅读教学过程中,教师需要为学生预留充足的思考时间。因为学生无法在短时间内激发内在思维,需要经过长时间挖掘探索才能找到答案。

学生结束阅读任务后,教师需要引导学生进行深入思考,针对部分重点内容能够有所感悟。比如在结束 I'd like to sail across the Pacific 相关阅读任务之后,英语教师可以引导学生通过分层阅读以及整体阅读方法加深对于相关内容的理解,为学生合理设置分层和整体阅读任务,比如文章可以分成几段内容,让学生通过阅读形成一定思路,提升其认知能力。

3. 重视教学反思

无论选择哪种教学方式,在教学初期阶段不可避免会出现各种疏忽和漏洞,为此需要教师在结束教学活动后,能够进行反思和优化创新教学方法,提高任务型教学合理性。

想要发挥出任务型教学的功能,需要教师灵活掌握相关技能,具体包括以下内容:

第一,任务设计应该保持不同层次之间的联系性,教师需要引导学生了解各个知识点的内在联系,合理设计相关任务,促进学生进行灵活应用。

第二,提高任务的操作性,提高学生的代入感,合理控制任务难度,带有一定吸引力,确保学生锻炼中可以提升自信心,激发其学习兴趣。

综上所述,教师需要进行因材施教,坚持学生的主体地位,如此才可以将任务型教学价值充分发挥出来。比如,在教授整本书时,教师可以先对学生分层,包括英语基础好、中等和差三种层次,对于基础好的学生,教师可以适当提问文章中的各种隐含意义以及作者态度和意图,从而锻炼学生创造思维;针对中等学生,可以设置难度一般的问题,重点放在学生的概括、理解能力上;至于基础较差的学生,可以结合细节知识设置问题。

三、群文阅读：整本书阅读创新模式

学习任务群内容结构的教学实施，打破了单篇文本教学的束缚，这种大单元设计与以往教材中突出内容的"以人文专题组元"的单元有所不同，最大的差异在于划分单元的依据不只是内容，而是立足学科核心素养，整合目标、任务、情境、内容、学习资源的项目学习的教学单位。

群文阅读呼应了核心素养的大单元项目化学习设计的要求，也能一定程度上达到整本书阅读的教学效果。毕竟在目前的教育环境下，实现跨越式的整本书阅读教学模式还有一定的难度，群文阅读的可操作性会相对强一些。因此，可以将群文阅读看作单篇阅读和整本书阅读融合之后的创新模式，应用到英语教学之中。

（一）群文阅读旨在改进教学组织方式，促进学生主动学习

学习任务群内容结构旨在改进教学方式，促进学生主动学习，意在改变以技能训练为纲、以文本为纲、单篇线性推进的教学组织方式。学习任务群是以培养学生综合语言素养为纲，它之所以称作"任务群"是因为把语言课的实施重点放在学生身上，以学生的语言实践为主线，在真实情境下，在学生多样综合的语言活动驱动下来选择教学资源，让学生自始至终都在积极地读书、思考、写作、交流，学习过程中，既有举三反一，也有举一反三，既有经典单篇，也有"1+X"的多篇的能力。其任务完成了，学生内在的能力和品质也发生了变化。

从学习任务群的角度而言，首先应考虑的是"群"的目标任务，然后才是"篇"在目标任务中的功能和作用。

学习任务群的实施中，对大容量的学习内容、大单元的教学设计、多文本的不同功能体现，群文阅读就成了重要的实施路径，或是实施路径的必要选项。群文阅读是与单篇课文教学相对等的、跨文本、跨文体、跨介质的创新性阅读教学模式。目前，群文阅读的教学实践已经向影视片段、图片、图表、书法绘画作品、博物馆实物展览、田野现场等非文本形式进行探索。

（二）群文阅读旨在改进教学的样态，促进学生真实学习

真实的阅读，是"阅读行为"在先，"阅读结论"在后的阅读，是经由"我"的阅读行为自然抵达阅读结论，而不是对"老师、批评家"的"权威

结论"的认同、验证或阐释。

群文阅读,打破了语文课堂教学单篇为主的固有模式,把课程意识带进语文教学设计,激活了教师教学的想象力和创造力,提高了语文教学的效率和质量。

群文教学可以拓宽阅读视界,提升阅读能力和表达力,同时呼应学习任务群的"阅读与研讨""阅读与交流""阅读与写作""阅读与表达",以达到"多读书""多表达"的目的,以"群"力来实现更大的教学价值。

相对于单篇文本的教学,群文阅读的本体性方法,更多是立体的、多层次的、自驱动的,也进一步地打开了学生的视野,多文本语境的交叉建构带来的是阅读视野、阅读方法、思维角度、体验过程等方面发生的一系列深刻变化。群文阅读不仅为学生的语言建构与思维发展创造了条件,也为学生的人格发育、精神成长提供了可靠的支撑。

(三)群文阅读旨在改进学习的样态,促进学生深入学习

群文阅读是指向深度对话的研讨探究,它改变了学习的样态。随着对话的深入,群文中各文本的独特性得以被发现,群文之间的深层次联系层层展开,文本之间隐蔽的生长性得以显现,互文性得以彰显。跨文本、多层次、多角度的对话,催生出更高品质的同伴互学群学,在教学过程中生成了可理解的、多维交织的、开放的语境,使群文阅读教学产生了单篇阅读教学难以产生的跨文本、跨时空、自组织的视野融合,群文之间或互为补充或互相印证或各有冲突,更有利于锻炼学生的文本比较、综合、思辨、拓展能力,提升学生的问题求解能力、决策力、批判性思维能力和创新能力等高阶思维能力。

单篇课文的教学,就像是欣赏一株花,尽管可以变换视角,从不同的角度欣赏,但欣赏的中心是明确的,也是固定的。群文阅读教学,就好比是欣赏一丛花,它没有固定的中心,也没有固定的背景,每换一个角度看,中心和背景的位置就会悄然发生变化。这里不仅有花与叶的比较,更有花与花的比较、叶与叶的比较……欣赏的角度是多样的。可见,单篇教学是引导学生直接领略某种个体的美,群文教学则是引导学生在反复的、不同视角的观察比较中,去发现不可预期的、变动的、潜在的美,这种美参差多态、变幻无穷,对此进行持续性的求索和发现,都可能发现不

可预约的美丽。学生在求索与探究中建构属于自己的语言,发展提升自己的思维,丰盈升华自己的审美体验,厚植自己的文化根脉。

群文阅读突破了因循单篇文本教学的约定俗成和固有束缚,凸显出以语文核心素养为纲的大单元设计,成了改进"教""学"样态,促进学生主动学习、真实学习、深入学习的应然选择、必要路径。

第二节 基于整本书阅读构建初中英语思维型阅读课堂

一、通过整本书阅读实现思维品质提升的理论逻辑

(一)思维品质提升的理论依据

思维品质的理论依据来源于布卢姆(Bloom)的认知发展模型。布卢姆(1956年)将认知领域划分为知识、理解、应用、分析、综合和评价六大层次。后来,安德森和克拉斯沃尔(Anderson&Krathwohl,2001)对这一模型进行了修改与完善,将认知过程划分为记忆、理解、应用、分析、评价和创造。在认知发展模式中,最初始的环节是记忆(Remembering)和理解(Understanding),中间的环节为应用(Applying)和分析(Analyzing),高阶思维部分是评价(Evaluating)和创造(Creating)。

思维品质的培养目标具体包含以下三个维度:①逻辑性思维:指语言分析与理解所必需的思维活动,其技能包括分析综合、分类比较、归纳演绎、抽象概括;②批判性思维:指理性的、无偏见的分析或对事实证据的评估,其技能包括判断推理、质疑解疑、求同辨异、评价预测;③创造性思维:是语言分析、理解和运用中的"产品",包括纵横思维、联想想象、隐喻通感和模仿创生。以上"三维思维处于同一层级三维立体的侧面,自下而上发展,形成互为关联的统合体"①。

(二)整本书阅读的特点与优势

在整本书阅读的过程中,学生可以经历更深刻的理解、领悟、吸收、

---

① 黄远振,兰春寿,黄睿.为思而教:英语教育价值取向及实施策略[J].课程·教材·教法,2014(04):63-69.

鉴赏、评价和探究文章的思维过程。目前生活化、自主化及体验化的阅读理念正在催生新的阅读教学方式,而整本书阅读能帮助学生形成个性化的阅读体验。相比广而不精的碎片化阅读,整本书阅读具有高度综合性、情境性的特点,是提升学生思维品质的有效途径之一[1]。

整本书阅读中的故事有明显的时间、情节等逻辑关系,梳理文本的脉络需要学生逻辑思维的参与,故事文本中的插图可以用于猜测和理解文本,激发学生的评判思维;故事中人物的话语和行为隐含了人物的情感态度和价值观,挖掘人物话语和行为背后隐藏的内容,并联系学生的实际生活,有助于学生逻辑思维、批判思维甚至创造思维的运用[2]。

整本书阅读区别于"课外阅读"和"名著阅读"的地方在于:"课外阅读"的内涵比较宽泛,包括报刊文本、网络文本阅读;"名著阅读"则通常指英、美国家的经典名著阅读;而整本书阅读不仅包含经典名著阅读,而且囊括英语国家现当代的小说、儿童故事等,既包含虚构故事(fictions),又包含写实文章(non-fictions),为学生提供更丰富、多样的阅读选择,且话题更符合初中生的年龄特征和兴趣爱好,同时更有利于其思维品质在阅读教学中的提升。

二、基于思维品质提升的整本书阅读教学课例分析

很多专家、学者对整本书阅读课型进行了探讨,比如,周雪晴[3]指出英语整本书阅读可分为四个步骤:导读—自读—深读—展读;马德利[4]提出整本书阅读教学实施分为"第一课时:导读课;第二课时:讨论课;第三课时:创新课"。整本书阅读因其篇幅的关系,通常不止一个课时,还需要学生在课外进行自主阅读。

下面以外研社《多维阅读》第13级《尼克和杰克》(*Nick Nelly and Jake*)为例,探讨在一课时中实践以提升思维品质为目标的整本书阅读

---

[1] 汤云翔.课外整本书阅读教学中思维品质的培养[J].中小学外语教学(中学),2020,(10):54-59.

[2] 顾婷婷.指向高阶思维能力培养的初中英语故事阅读任务设计[J].中小学英语教学与研究,2019,(12):16-19,29.

[3] 周雪晴.英语名著"整本书阅读"的四步骤教学策略——以 The Railway Children 为例[J].江苏教育,2019(75):11-14.

[4] 马德利.整进整出的中学英语整本书阅读教学实践[J].英语学习(教师版),2020,(06):54-59.

教学。

《尼克和杰克》(*Nick Nelly and Jake*)是一本故事类读物,讲述了喜欢欺负同学的男孩尼克(Nick)和新生杰克(Jake)之间的故事,全书约400词,故事语言简单易懂,还有图片辅助,对学生来说比较容易理解。因此,教师尝试在没有导读的情况下带领学生体验自主阅读的真实过程,从读前观察封面、封底到读中预测故事发展,再到读后创作故事的结尾,以及最后的深度阅读文本并赏析。

本堂课的教学目标:第一,学会在阅读过程中对后文进行预测和想象,学会运用"看"(Viewing)的技能,通过看插图推测和评价;第二,梳理杰克帮助尼克改变,最终两人成为好朋友的故事发展脉络,并分析尼克产生变化的主要原因;第三,学会运用S—A—P模式分析人物性格;第四,学会运用3—2—1模式深入解读文本。

下面是《尼克和杰克》(*Nick Nelly and Jake*)教学案例。

（一）观察封面展开想象,形成阅读期待

1. 教学片段

教师一开始就向学生展示封面和封底（见图7-1）,并提问:

图7-1 《多维阅读》封面和封底

Q1: What do you think is happening?

学生推测:"Maybe the strong boy is bullying the slim boy."

教师继续提问:Q2: What can you see from the front cover? What do you think is happening?

Q3: Let's take a look at the back cover. What are the students doing?

Q4: But why is Jake the slim boy smiling? What is he holding in his hand?

Q5: What do you think the story is going to be about?

2. 设计说明

封面和封底是一本书的重要构成元素,往往包含重要的信息。所以在这个环节,教师引导学生通过"看",关注图片细节;通过设置问题链留下悬念,点燃他们的阅读热情,同时培养其预测能力和想象力,激活其头脑中与主题相关的已有认知结构,使其形成阅读期待,启动主题思维。

(二)预测情节走进人物,创设认知冲突

1. 教学片段

当梳理故事情节到第一个冲突高潮的地方时,教师要求学生先不翻页,听自己读故事,当读到冲突部分时提问学生:"If you were Jake, what would you do?"学生展开丰富、合理的想象,大部分表示"很气愤,或者会做出一定的反抗"。这时让学生自己阅读,他们会惊喜地发现"杰克利用幽默感非常巧妙地化解了尴尬",纷纷微笑表示"It is so wise of Jake to do so."同时在心中种下一颗化解同学矛盾的好方法的"种子"。

2. 设计说明

此处设计的目的是使学生在自身经验和文本内容之间形成认知冲突,使他们将已有知识、经验和文本内容联系起来,并运用批判思维和创新思维表达自己的观点。

预测是积极思维的过程,也是重要的思维能力,包括上一个教学步骤中的根据标题或封面进行预测,对文本内容或后续情节发展进行猜测等,这些都需要读者结合自身的认知经验,通过自身的理解和判断,根据故事发展的逻辑关系,积极调动思维。尤其当读者的自身经验和故事情节发展产生冲突时,预测不仅可以激发阅读兴趣和动机,还可以训练思维的逻辑性、批判性和创造性。

(三)猜测结尾自由创作,设置开放性问题

1.教学片段

当故事进行到"No one was ever scared of Nick again."时,教师提问学生:"Do you like this ending?"有学生表示:"Yes, I like the happy ending."也有学生表示:"I don't like this ending because it is a little bit boring like all the happy ending in Disney movies that Prince and Princess lived happily ever after."这个答案一出现,很多学生纷纷点头表示赞同。教师顺势让学生编故事的结尾。

最后,教师把故事结尾呈现给学生时,隐去部分内容,如图7-2所示,让学生创作该部分尼克想对即将要转学的杰克说的话。原文是"you showed me how to be a friend",而这里并不需要标准答案,即学生给出的答案都能完美呼应全文主旨即可。教师再次问学生是否喜欢这样的结尾。学生纷纷表示很喜欢这样的结尾,因为这样的结尾不落俗套,有许多想象空间。

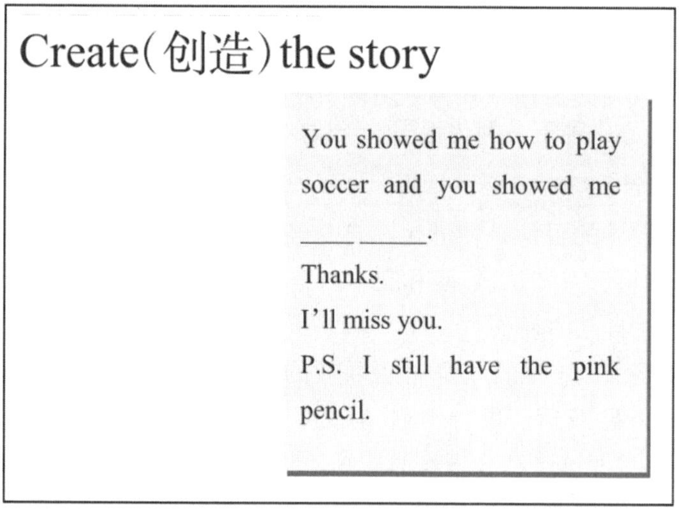

Create(创造)the story

> You showed me how to play soccer and you showed me _____ _____.
> Thanks.
> I'll miss you.
> P.S. I still have the pink pencil.

图7-2 创造故事

2.设计说明

在故事的结尾还没有出现前,教师提问学生:"如果故事在此处结尾是否可行,是否喜欢这样的结局?"这样设计的目的是引导学生打开思路,使他们发挥想象,运用批判性思维,对教师给出的结尾进行评价,并

运用逻辑性思维和创造性思维,自主设计故事结尾。

(四)关注对比提炼主旨,促进情感提升

1. 教学片段

教师带领学生在边阅读边思考的过程中把插图上尼克的头像按出现顺序贴在黑板上,如图7-3所示。最后,学生会发现:尼克从一开始的mean、rude、mad到后来的embarrassed、sad、helpless,再到最后的happy、pleased,人物的外貌、表情发生了变化。然后,教师提问学生:"是什么给尼克带来了这样的变化?"学生有的说是杰克,有的说是友谊,也有的说是尼克自己,因为他本质是善良的,是愿意改变的,所以会有这样积极的改变。

图7-3 尼克改变顺序图

2. 设计说明

通过梳理文本归纳出两条变化的主线,引领学生整体感知,并引导他们发现引起变化的原因和生活中的真善美,从而提炼文本主旨,实现整本书阅读与"立德树人"目标相结合。

(五)分析性格感受人物,引导深度阅读

1. 教学片段

教师指导学生运用S—A—P人物分析法,通过人物的语言、行为解析人物的性格特征。当尼克滑倒在泥地里,坐在地上说出"You are lucky.I haven't got a dad."时,那个高大、强壮且一贯以bully形象示人的尼克展现出了脆弱的一面。在这里,学生在教师的引导下总结出其性格特点be weak in mind，与其以往的 strong 形象形成鲜明对比。

同时，教师引导学生理解造成尼克性格的原因。有的学生提出，因为尼克没有爸爸，所以没有人教他如何与人相处；有的学生认为，因为缺失父爱，所以尼克的行为是一种寻求关注的方式；有的学生认为，因为从小没有爸爸，所以尼克需要让自己表现得足够强大，以保证自己不受欺负。学生各抒己见，且言之有据，甚至很多观点超出了教师的预期。

2. 设计说明

文学阅读重在人物分析。对于人物的分析与评价应是多元的，可以通过外貌形象、动作言辞、情感心理、观点态度等多个角度进行。通过综合把握人物性格及人物关系，达成对文本信息的整体建构。教师设计挖掘人物性格的深层原因的问题的目的是教会学生全面、理性地分析与评价问题，透过现象看本质。

（六）深研文本提出观点，实现思维碰撞

1. 教学片段

课堂的最后，教师设置了一个开放性任务，让学生分组讨论，运用 3—2—1 表格，如图 7-4 所示，对文本进行深入研读，找出 3 个自己印象最深刻的单词和 2 个印象最深刻的句子，并说明理由，最后提 1 个针对文本最想问的问题。学生各抒己见，师生之间思维碰撞，呈现出很多精彩的回答。

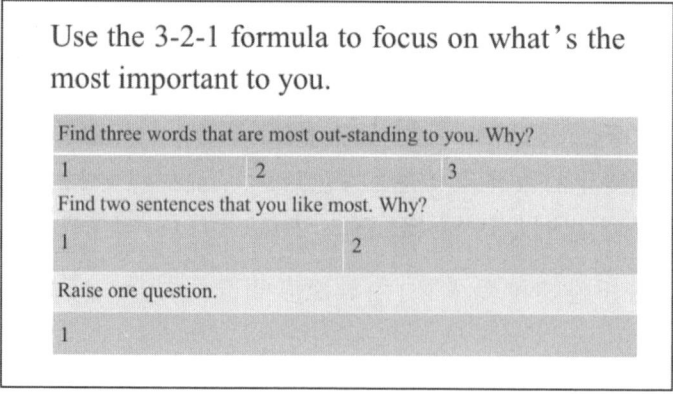

图 7-4　3—2—1 表格文本研读运用

2. 设计说明

此环节旨在训练学生深度解读文本的能力，引导他们对语篇的主题意义和语言内容等进行深度解读,希望他们能够"根据语篇内容和结构特点发表自己的见解和观点,进行评价性理解(critical comprehension)"[1]。学生在讨论、汇报与听取他人见解的过程中形成及表达自己的见解,训练了思维的缜密性和批判性。

三、关于整本书阅读促进学生思维品质发展的思考

在初中阶段运用语言简单且内容贴近学生日常生活的小故事进行整本书阅读是一个很好的选择。《尼克和杰克》(*Nick Nelly and Jake*)讲的是一个校园故事,对学生的人际交往与如何处理同学之间矛盾问题具有实际指导意义,加之故事内容生动、有趣,语言丰富、形象,使学生的阅读兴致很高。

(一)深研文本,整体把握,训练逻辑思维

教师对文本理解的广度和深度决定了学生对文本理解的上限。教师在透彻研究文本的基础上,要考虑哪些内容可用来引导学生对文本进行深度鉴赏、评价、分析,培养其高阶思维,从而设计合适的阅读活动以培养其思维品质。

逻辑思维是人们在认知过程中借助概念、判断、推理等能动地反映客观现实的理性认识过程。在整本书阅读中,教师可以通过预测情节发展、推测情感态度等教学设计训练学生的逻辑思维。

(二)巧设问题,有效提问,提升批判思维

对于有一定深度和难度的问题,教师应采用由浅入深的提问方式,通过一环扣一环、一层进一层的提问,引导学生的思维向深度和广度发展,避免其思维"卡壳"。有效的课堂提问应能启发学生的思考,使其思维更全面、更深刻。所设置的问题应类型丰富、有层次,包括证据性问题、批判性问题、预测性问题、假设性问题、创造性问题等。

批判性思维建立在逻辑思维的基础上,通过分析和评估作出更优的判断。在整本书阅读中,教师可以通过人物性格分析、评价文本意图等活动提升学生的批判思维。在本课中,教师在分析人物性格时,通过问

---

[1] 申奥,梅德明.概念隐喻和转喻互动下非透明英语习语的认知研究[J].西安外国语大学学报,2018,(第3期):29-34.

题链引导学生发现"尼克的行为其实并不是一个单纯的bully,背后是有原因的,他的本质是善良的"。

(三)精心设计,创设语境,激发创造思维

认知冲突指认知发展过程中原有认知结构与现实情境不符时在心理上产生的矛盾或冲突。认知冲突能有效激发学生参与学习的欲望,只有存在认知冲突,学生才会真正做到主动学习和积极思维。认知冲突是思维型课堂的起点,教师应努力在课堂中创设真实、自然的情境,并在这个情境中巧妙地设置一个或多个认知冲突。

创新思维是人们运用已有知识和经验开拓新领域、运用新方法解决问题的思维方式。在整本书阅读中,教师可以通过重新审视标题、改写故事结尾等活动激发学生的创新思维。在本课中,教师要求学生对情节发展进行预测,对故事结尾进行评判和创作,旨在为学生设置认知冲突,创设真实的情境,实现思维的碰撞。

第三节 使用"1—1—1"模式处理故事文本整本书阅读的教学设计

在英语教学中,阅读无疑是提高语言能力的重要途径之一,而整本书阅读的教学设计与实施策略一直以来都被英语教师普遍关注。但在传统英语课堂中,师生接触的往往只是教材中的短篇文章,这就导致学生在整本书阅读中很难有效地关注整体性,建构阅读整本书的经验和策略,因此阻碍了阅读鉴赏能力的提升。另外,在课堂互动的过程中经常会出现教学方式单一,教师滔滔不绝而学生学习效率不高的情况。[①]

为了提升学生阅读整本书的效果,教师在本课作出了新的尝试。本课以《多维英语》17级中的《少年英雄》(*Superkid Heroes*)为例,教师采用"1—1—1"模式进行文本新授,指导学生梳理各个章节的文本大意,分析文本内容并通过可擦白板进行视觉、听觉和动觉的多感官教学,提高学生的学习实效。本课是第四届全国中小学英语阅读教学学术研讨会

---

① 郑易.初中英语说明文阅读思维型课堂问题的设计探究——以Unit 2 Changes in Life Progress Check 2 The Virtual Classroom 为例[J].英语教师,2021(17):15-17.

上的一节公开课。《少年英雄》(Superkid Heroes)的文本与会议主题"Read the word and the world"相呼应。学生通过阅读故事文本了解世界各地的少年英雄故事,了解平凡人物不平凡的事迹,以实现"读文字、知世界、启心智"的目标。

一、教学内容与整体设计思路

《少年英雄》(Superkid Heroes)按空间顺序叙事,以图文并茂的形式生动形象地讲述了来自世界六个不同地方的少年帮助他人的英勇故事。本书共有八章,第一章是"Becoming a Hero(成为英雄)",开篇引入的部分阐述了英雄的定义,即无论什么种族和多大年龄,英雄一般都具有思维敏捷,能够灵活、勇敢地应对挑战并与人为善的特点。第二章至第七章分别讲述了六个少年英雄的故事:十二岁的男孩Namal Nepali在尼泊尔又深又窄的峡谷中救出了一个两岁小女孩;小女孩Asma Khan在印度孟买的暴雨中徒步把四十个孩子背到安全区域;男孩Jordan Rice在澳大利亚的洪灾中为了拯救弟弟舍弃了自己的生命;男孩Edyl Jolfil在海地竭尽全力帮助自己残破贫穷的家庭;男孩Ryan Hreljac为乌干达一个小镇的镇民造了一口井,让原来需要每天徒步走几公里获取水源的人可以就近用上干净的水源;小男孩Jordan Van der Walt发起运动呼吁同学为一百万个南非饥饿儿童捐赠玉米饭。第八章是最后一章,总结全文,表达了英雄事迹无论大小,最重要的是行动起来,形成正确的价值观,为让世界变得更好而努力的主题。作者通过讲述六个少年英雄帮助他人的故事,向读者介绍了这些寻常少年展现出的英雄气概。作者认为成为英雄需要勇气和领导力,有时甚至可能还要舍己为人,但更多时候,一件平凡的小事就可能改变世界,让普通人成为英雄。英雄往往是不求回报的,这最让人动容。由此,作者呼吁人们从身边小事做起,让世界变得更加美好。本节课的整体教学设计思路着重关注三个方面,具体如下:

第一,注重对学生整本书阅读策略的培养。虽然学生已经在课前阅读了文本,但并不清楚如何能更有效、更高效地阅读整本书,因此,教师在课堂上引导学生关注封面、目录、标题和图片,让学生了解从每一部分的内容中能获取什么信息。学生在阅读中遇到生词时,教师进一步引导学生学会通过联系文本上下文和图片进行猜词。

第二,利用"1—1—1"模式培养学生概括和总结文本的能力。虽然教师把学生按六个故事分成六组,每个学生在课前写了一句话概括本组负责的故事,但并不一定每个人都能概括得正确、全面。因此教师在课堂上引导学生运用"Who—What—Where—How"的格式进行小组讨论,重新概括总结每一个故事,并要求学生根据故事分析少年英雄的性格,加深对文本内容的理解。每个小组在讨论过程中利用白板记录下讨论和分享的内容,在白板上作记录的方式不仅可以让学生更关注语言学习,而且可以帮助他们将在脑海中建构的知识通过视觉进一步强化,更加直观,这充分调动了学生视觉、听觉和动觉的学习能力。

第三,注重培养学生自主提问的能力和语句鉴赏的能力。学生虽然在课前写下了一个感兴趣的问题和最喜欢的一句话,但他们可能会在课堂学习后有全新的看法和感受。教师可以根据课堂时间安排要求学生重新提问或者回答已提出的问题,同时展示自己认为最动人的一句话,并分享感受,由此进一步培养学生的思维品质。

二、学情分析

自然情况:本课授课对象为 H 省某校"1+3 项目"九年级学段的 24 名学生。大多数学生的英语学习兴趣浓厚,喜欢表达自己的观点。但学生总体的听、说、读、写能力比较薄弱,英语水平差异较大。

已有基础:自 2018 年 9 月开学以来,学生在本校开展的持续默读和阅读圈讨论活动中,已经基本学会了概述故事文本内容,提出自己感兴趣的问题并选出自己最喜欢的部分。就本书而言,学生对于"少年英雄"的话题非常感兴趣,课前已经简单预习了本书并通过小组分工完成了课前学案。

现存困难:①学生对整本书阅读策略的掌握不够;②学生不知如何厘清语篇的脉络,概括语篇的主旨大意;③学生无法流畅地进行口头表达。

三、解决方案

教师引导学生通过理解封面、目录、标题和图片等来获取信息。

在课前,学生简单地预习文本,并通过小组内分工完成课前学案(见表7-1)。

表7-1 课前学案

Write one sentence to summarise the story of, (Chapter____)	
Ask one question about Chapter____. You can ask the question about texts, titles or pictures.	
Write down one of your favourite sentences from the book and tell the reason.	

在课上,教师引导学生进行小组讨论,完成班级分享,则学生在组内运用白板记录关键词,厘清语篇脉络,从而更加流畅地进行表达。

其中,在课前阶段,教师考虑到本班学生英语水平差距大的学情,提前将文本下发给学生,让学生分为六组后通读全书进行简单预习,并完成课前学案。每个小组分别负责一个故事,每个组员用一句话概括总结本组负责的故事,就全书提出一个自己感兴趣的问题,并选出自己最喜欢的一句话。课前学案旨在为课堂上的"1—1—1"模式教学的展开作铺垫。

四、教学目标

本节课学习结束时,学生能够:第一,从封面、目录、标题、图片和文本中找到话题,获取文章主要内容并学会推断生词的词义;第二,概述六个故事的大意并总结少年英雄的优秀品格;第三,就感兴趣的问题展开讨论,并分享最喜欢的一句话,感悟少年英雄的精神内涵。

五、教学准备

多媒体课件、可擦白板、白板笔等。

六、教学过程

(一)教学过程

暖场:课前教师播放歌曲 *Something Just Like This* 的MV片段作为暖场。

设计意图:这首歌的歌词"I'm not looking for somebody with some superhuman gifts. Some superhero. Some fairytale bliss. Just something I can turn to, somebody I can kiss. I want something just like this."十分契合文本主题。

导入 教师开场展示超级英雄的图片,并提问"What kind of people can be heroes?"导入"少年英雄"的话题。整本书阅读策略培养如下:

学生在教师的引导下仔细观察封面、目录、标题和图片等,并从中获取信息。

T:When you read the book, what can you see first?

Ss:The cover.

T:What can you see from the cover?

Ss:The author, some pictures and the title...

T:What's the title?

Ss:Superkid Heroes.

T:Good. That's also the topic. What else do you read?

Ss:The text and the contents.

T:What can you get from the contents?

...

设计意图:首先,教师引导学生在整本书阅读中学会关注 Cover(封面),包括Front cover(书前封面)和Back cover(书后封面),从封面中获取文本的话题、作者、图片以及其他信息,通过阅读文本和观察图片,使学生能够获取具体的故事和细节。然后,教师在Contents(目录)部分引导学生关注文本的章节和结构以及其他内容,如Word help(单词解释),帮助他们更好地理解文本。

学生在处理以上信息时难免会遇到生词,教师需要引导学生关注图片和上下文进行猜词,以"maize"一词为例:

T:What does "maize" mean? Please turn to Page 18 and look at the pictures.

Ss:Corn?

T:Yes. With the help of pictures, you can guess the word out.

Ss:How about the words in the text?

T:Let's go to Chapter 1. Read it and give me the main idea and one word that you don't know.

Ss:The main idea is how to be a hero.

T:How about the new word?

Ss:Situation.

T:OK.Let's look at the sentence which "situation" is in."Heroes...are people who can think quickly, show courage in a challenging situation..." If you have courage in a challenging situation, does it mean you are brave in an easy place or a hard place?

Ss:A hard Place.

T:So a challenging situation is a hard place.Clear？But always remember that as long as you get the main idea,don't be afraid to have new words.

...

设计意图：教师引导学生根据上下文猜测词义、总结篇章大意，并强调如果该词汇不影响学生理解文本大意，可忽略，这是一项非常重要的阅读技能。

(二)"1—1—1"模式课堂实施

1."一个总结"

教学内容：教师引导学生关注文本，并就第一章提问："How to be a hero?"让学生在文本中找到答案。学生共分成六组，每组负责一个故事并进行组内讨论，总结每个故事的梗概及该故事中少年英雄的品格。教师先给出示范，引导学生以"Who did what in where and how"的形式进行总结，再分析少年英雄展现的品格。学生课前已经预习过文本，教师可以让他们在课上分享、对比自己先前的总结，看看是否需要修正。学生讨论后呈现修改后的总结，同时将有关少年英雄品格的讨论内容呈现在白板上。

设计意图：学生在小组讨论后，与全班分享本组的故事和对少年英雄品格的分析，教师给出点评，从而发展学生的语言能力，培养学生的思维品质。教学片段如下。

总结示范一如下：

T: It is a nice summary because I know what happened. But where is "how"?

Ss:We lost "how".

T: Maybe you can say she "kept her head high" from the book to save... Right?

Ss: Yes.

...

T: And for the traits, you think she is strong. Why?

Ss: Because she can carry 40 children in the dark water.

教师引导学生关注文本中的语言点并落实关于"how"的问题，同时询问学生对少年英雄品格如此分析的原因，培养学生的思维品质。

在其他故事中，教师通过白板进行反馈，分别落实各个故事中的语言点以及与"少年英雄"主题意义相关的词汇。

总结示范二如下：

T: Good summary. You got who, what, where and how in your story. How about the traits?

Ss: I think Ryan is courageous, helpful and rich.

T: Rich? Why?

Ss: Because he raises money to drill a well.

T: Boys and girls, can this tell us Ryan is rich?

Ss: No.

T: Maybe we can say he is a capable person because he can raise money to drill a well.

Ss: Yes.

教师鼓励学生，并引导学生关注语篇的逻辑关系，训练学生的逻辑思维能力。

2."一个问题"

学生分享完关于"一个总结"的内容后，教师引导学生针对"一个问题"进行分享讨论，深入探讨文本意义，以下问题来自学生：

What should we do to become heroes?

Will we make the world a better place if we make a difference? Why?

Why do many children make a difference without asking for anything in return?

学生通过抽签游戏确定讨论回答第三个问题：

T: Any answers?

S1: Because there are always some kind kids.

S2: Because they have warm hearts and want to help others.

S3: I think if John has problems, I can help him. Next time, if I have problems, John can help me. We do not need returns.

S4: They have good personalities and they want to help the kids in trouble. They understand the pain so they help others.

3."一个句子"

学生讨论完"一个问题"后,教师引导学生进入对"一个句子"的内容分享,询问学生选取这个句子的原因以及感受。以下是学生选取的句子:

No matter how big or small your idea is, you can help.

Heroes come from all cultures and races, and age is not a barrier to becoming a hero.

Whatever you can do can make a difference.

T: Why do you choose the second sentence?

Ss: Because it can make me warm.

T: How about some other answers?

Ss: Because they encourage me to be a hero.

…

最后,教师通过第三句话的"make a difference"引导学生关注文本的最后一章,并让学生在本章节中寻找关于英雄品格的内容:incredibly brave、risk their lives、make a difference、not ask for anything in return、courage and leadership 等。这是文本中的少年英雄共有的一些美好品质。最后,教师询问学生如何在生活中"make a difference"。

T: What can you do?

Ss: At home, we can help the parents to do chores, and at school we can help teachers and classmates. We can also do something for the society.

教师通过"一个问题"和"一个句子"进一步引导学生感悟少年英雄的精神内涵,并思考自己在实际生活中可以做些什么来"make a difference",从而让学生将所学知识和实际生活联系在一起。

初中英语整本书阅读教学策略研究

课堂临近结束,教师再次播放歌曲 *Something Just Like This* 的 MV 片段。

T: Sometimes we don't need super heroes. We need something just like this. We need someone just like you. My super kid heroes.

教师感谢学生的积极参与。

课后作业:写一篇文章讲述"How can I be a hero?"。

七、教学总结和反思

本课主要有以下两个亮点和一个反思:

亮点1:本节课的选题契合第四届全国中小学英语阅读教学学术研讨会的会议主题"Read the word and the world"。教师在教学过程中培养了学生的整本书阅读策略,学生拿到一篇故事文本的整本书后,了解了应该关注哪些内容,从这些内容里可以获取哪些信息,掌握了寻找切入点来更好地处理文本、理解文本主旨大意的方法。

亮点2:本节课运用了"1—1—1"模式和可擦白板教具辅助教学,有一定的创新性。"1—1—1"模式中的"一个总结"要求学生运用了"Who—What—Where—How"格式总结文本故事的内容,培养了学生概括和整合信息的能力;"一个问题"要求学生就本书提出一个感兴趣的问题,培养了学生分析与判断的能力;"一个句子"要求学生分享自己在本书中最喜欢的一句话,培养了学生批判与评价的能力。用可擦白板辅助学习的模式使学生在学习过程中充分调动了VAK感官。在视觉方面,学生通过观看PPT、可擦白板以及其他学生的表现进行学习;在听觉方面,学生聆听其他同学的分享以及教师的点评进行学习;在动觉方面,学生通过组内讨论和在可擦白板上书写讨论内容增强了学习的效果。整节课培养了学生概括与整合、分析与判断以及批判与评价的能力。学生在获取知识的同时打开了思维的大门,能够进行深入、独立的思考。教师在本课的设计和教学过程中,努力尝试利用新的模式和方法提升初中英语故事文本整本书阅读教学的科学性和实效性,促进学生英语阅读能力的发展和英语阅读素养的提升。

笔者反思,如果教学时间更充足,学生的英语基础更好,教师就可以不用将文本提前给学生阅读,师生可以当堂生成"一个总结、一个问题、一个句子",把课前学案这个脚手架完全撤掉。其中,"一个总结"里的"Who—What—Where—How"可以根据文本的需要进行增加或者减少,例如:可以变成"Who—What—When—Where—How"或者"Who—What—How"等,同时配合人物分析、情绪分析等活动细化文本阅读。

由于时间有限,本节课的生本互动环节不够充实。因此,在之后教学环节的细节分析中,教师应该要求学生在文中找到支撑人物性格分析或者情绪分析的依据,从而强化生本互动。此外,本次课采用的是小组合作学习的形式,笔者发现这种授课模式也存在一定问题。虽然小组合作学习可以很好地加强生生互动,但是有些小组成员很少主动发言,不能积极参加讨论,好像只是在组内"搭顺风车",导致小组内发言机会不均衡,无法实现切实提高每个学生的阅读能力的目的,如何解决这个问题,还需要教师进一步研究探讨。

参考文献

一、专著

[1]车向军.基于思维发展的初中英语教学设计与实施[M].北京:北京出版社,2017:15-16.

[2]崔长河,陈燕,丁小燕.核心素养体系下的初中英语教学研究[M].长春:吉林人民出版社,2021:13-15.

[3]高峰.初中英语教学策略[M].北京:中国书籍出版社,2016:16-18.

[4]何克胜,张海艳,张娟.初中英语阅读教学对学生核心素养的培养研究[M].长春:吉林人民出版社,2020:24-25.

[5]胡萍.元认知监控理论下的初中英语阅读实效性研究[M].成都:西南交通大学出版社,2017:36.

[6]许艳.整本书阅读与研讨[M].北京:华文出版社,2019:14-16.

[7]姜莹莹.初中英语教学及有效课堂构建[M].长春:吉林人民出版社,2021:24-25.

[8]蒋雁鸣.整本书阅读教学工作坊[M].长沙:湖南教育出版社,2018:22-23.

[9]毛筠.初中英语阅读写作联动研究与实践[M].北京:华文出版社,2018:28-30.

[10]倪岗.中学整本书阅读课程实施策略[M].北京:商务印书馆,2018:27-28.

[11]王淑霞.初中英语阅读文本解读实践与研究[M].石家庄:河北人民出版社,2018:21-23.

二、期刊

[1]董玲.整本书阅读的现状和策略[J].作家天地,2022,(06):101-103.

[2]高秋瑾.初中英语整本书阅读教学策略[J].学园,2021,(24):41-43.

[3]高升.初中英语整本书阅读开展策略探究[J].文理导航(教育研究与实践),2021,(08):59,62.

[4]吕敏敏.初中英语整本书阅读的实践探索[J].中学外语教与学(人大复印),2021,(01).

[5]徐晓娟.浅谈初中英语整本书阅读的有效策略[J].江苏教育研究,2020,(34):77-79.

[6]于百慧.初中英语整本书阅读的现状与实施策略[J].教书育人,2022,(14):75-77.

[7]郑杰.初中英语整本书阅读的课内外联动教学探究[J].教学月刊(中学版),2021,(C6):76-80.

三、学位论文

[1]陈静.初中英语阅读深度学习的教学策略研究[D].武汉:华中师范大学,2021:14-15.

[2]邓国娇.利用英文名著阅读提升高中生英语阅读素养的研究[D].聊城:聊城大学,2020:18-20.

[3]李成兰.多模态教学模式在初中英语阅读教学中的应用研究[D].沈阳:沈阳师范大学,2021:28-30.

[4]栗瑞雪.元认知策略在初中英语阅读教学中的应用研究[D].乌鲁木齐:新疆师范大学,2021:25-27.

[5]魏慧.语篇分析理论在初中英语阅读教学中的应用研究[D].沈阳:沈阳师范大学,2021:29-30.

[6]徐健睿.思维导图视角下的初中英语阅读教学模式建构研究[D].哈尔滨：哈尔滨师范大学,2021:34-35.

[7]张宁.整本书阅读对初中生英语阅读素养影响的实证研究[D].曲阜:曲阜师范大学,2021:23-25.